榎本ハンバーグ研究所の

ハンバーグ
レシピ

榎本 稔

はじめに

　皆さんは、ハンバーグメニューの種類を聞かれて、いくつ思いつきますか？

　和風ハンバーグ、デミグラスソースハンバーグ、ガーリックハンバーグ、チーズハンバーグ、煮込みハンバーグ…。せいぜい7、8種類しか思い浮かばないのではないでしょうか。長年ハンバーグの世界にいる立場としましては、とても残念です。ハンバーグはもっともっと大きく、奥が深く、ワクワクする楽しい世界であることを知っていただきたい。

　ハンバーグ以外のジャンルを例に挙げると、デリバリーピザの種類はどうでしょか。郵便ポストに投函されるチラシには、季節ごとに様々なメニューが並んでいます。おいしそうな写真を見ているだけで楽しくなってきますよね。

　では、スパゲッティ専門店のメニューはどうでしょうか。和風スパゲッティだけを見ても、きのこの和風、和風カルボナーラ、和風ペペロンチーノ、しょうゆトマトなど、おいしそうなメニューが並んでいますね。

　実は、ハンバーグも、それに負けないくらい、いや、それ以上に奥が深い世界が広がっています。和風ハンバーグだけでも100種類以上です。ハンバーグパテの配合を変えたり、ひき方を変えたり、肉の種類や組み合わせを変えたり、トッピングをのせたりすると、工夫と発想次第でいろいろなハンバーグメニューを創り出すことができます。

　もう1つ質問です。皆さんは、ハンバーグが好きですか？

　この本を手に取ってくださっている皆さんですから、きっと多くの方が「ハンバーグ大好き！」と答えてくださると思います。私の周りでも、大抵の方は好きと答えてくれます。小さなお子さんから、お父さん、お母さん。そして、おじいちゃんも、おばあちゃんも。日本人はハンバーグが好きなんです。これだけ国民に愛されている料理って、そんなに多くはないと思います。ハンバーグは、日本で独自に進化し続けている国民食なのです。私は、ハンバーグは洋食ではなく、もはや和食といってもよいと思っています。世界に誇れる日本のハンバーグです。

　家族と食事をするとき、友人や職場の仲間との食事のとき、出された料理がハンバーグだったらうれしいですよね。みんなが好きなハンバーグですから、その場にいる全員が幸せな気持ちになります。しかし、味つけやトッピングの話になると、好みはバラバラになります。私は、そんな皆さんの異なる好みに合ったハンバーグを出す店を目指して、毎日ハンバーグのことばかりを考えています。

　いままでに考案したハンバーグレシピは450種類以上になりました。今回、このレシピ本を執筆するにあたって、その中から特におすすめのものを厳選して、ご家庭でも作りやすいように工夫しました。この本があれば、ハンバーグ専門店を開業することができるくらい、内容の濃いものになっています。皆さんのお役に立つことができれば幸いです。

　ハンバーグ好きに、悪い人はいません。
　おいしいハンバーグは、人のこころを豊かにしてくれます。
　ハンバーグを通して、皆さんがより幸せになってくださることを願っています。

榎本　稔

Contents

PART3
毎日食べたい！
普段着のハンバーグ

この本の決まり
・材料に記した分量は、小さじ1＝5mℓ、大さじ1＝15mℓです。1mℓ＝1ccです。
・酢は、ことわりのない場合、穀物酢を使用しています。
・電子レンジの加熱時間は、600Wで使用した場合の目安です。
・オーブンの加熱時間は目安です。機種によって多少違いがありますので、
　様子を見ながら加減してください。

榎研流
基本のハンバーグの作り方

ふんわり、ジューシーで、毎日食べても飽きない、
やさしい味のハンバーグ。
お店の味を家庭で手軽に楽しめるよう、
材料や配合を工夫したレシピです。

材料（2人分）

肉だね（400g分）
　豚バラ薄切り肉…150g
　牛ひき肉…150g
　牛脂・ラード…各25g
　玉ねぎ…½個（100g）
　麸…10g
　牛乳…30㎖
　塩…小さじ½弱
　　溶き卵…Mサイズ½個分
　　赤ワイン…大さじ½
　A　砂糖…少々
　　黒こしょう・
　　　ナツメグパウダー…各少々

薄力粉…適量
赤ワイン（なければ水）…30㎖
サラダ油…適量
［ソース］
　赤ワイン…30㎖
　トマトケチャップ…大さじ4
　中濃ソース…大さじ4
［つけ合わせ］
　ベビーリーフ…適量
　ミニトマト…4個

★塩はオーストラリアの塩湖
でとれる「ミネラルハーヴェス
ト塩」を使用。うまみが
強く、粒子が細かいタイプ
は肉にさっとなじんでうまみ
を引き出してくれます。

おいしさの極意!

1 豚と牛が半々のあっさり味
ひき肉は、脂に甘みのある豚肉と、う
まみの強い牛肉を5対5で使用。豚の
脂は融点が低いので口あたりがよく、
さらりとしたやさしい味の肉汁に。牛脂
とラードも加え、風味とジューシーさを
アップします。

2 2種の玉ねぎをミックス
2種の炒め玉ねぎを使うのもポイント。
軽く炒めた「きつね色玉ねぎ」で甘み
を出し、茶色くなるまでしっかり炒めて
うまみを凝縮した「あめ色玉ねぎ」でコク
をプラス。ダブル使いでハンバーグ
の味に深みを与えます。

3 つなぎの麸でジューシーに
つなぎはパン粉が一般的ですが、当店
では麸をフードプロセッサーで細かく砕
いたものを使うのが特徴です。パン粉
より吸水力が高いので、肉汁を閉じ込
め、口に含んだときにじゅわっとあふれ
ます。

4 蒸し焼きでふっくら。失敗なし
肉だねに薄力粉をまぶし、肉汁が出な
いようコーティング。両面を焼きつけた
らワインで風味を加え、ふたをして弱火
で中まで火を通します。最後に表にな
る面をもう一度焼くことで生焼けを防ぎ
ます。

基本のハンバーグの作り方

●下準備

麩はおろし金で細かくすりおろす（写真a。麩をポリ袋に入れて麺棒などでたたき、細かくしてもよい）。牛乳を少しずつ加えてそのつどよく混ぜる（写真b）。玉ねぎ以外の肉だねの材料とともに、使う直前まで冷蔵庫で冷やしておく。

●玉ねぎを炒める

1

玉ねぎはみじん切りにし、サラダ油小さじ½を熱したフライパンに入れ、強めの中火で炒める。軽く色づいたら半量を取り出し、弱火にして残りの玉ねぎをあめ色になるまでじっくりと炒める。ともに粗熱を取り、冷蔵庫で冷やす。

●肉だねを作る

2

豚肉は5mm幅くらいの細切りにする。牛脂は細かく刻む。

3

ボウルにひき肉、2の豚肉、塩を入れ、肉をにぎるようにしながら、粘りが出るまでよく練り混ぜる。

Check!

はじめに肉に塩だけを加え、糸が引くまで混ぜるのがポイント。焼いたときに割れにくくなります。この段階で空気はほぼ抜けるので、成形時の"キャッチボール"は不要です。

肉だねは冷たい状態を保ち、手早く混ぜるのが基本。夏場などは手の熱で脂が溶けないよう、ボウルの底に氷水をあてて冷やしながら混ぜるのが◎。

4

牛脂とラードを加えて軽く混ぜ、全体になじませる。

5

牛乳を混ぜた麩、1、Aを加え、全体が均一になるよう手早く混ぜる。

肉だねの完成！

●成形する

6

5を2等分にして小判形にまとめ、表面をならして形を整える。

7

焼く直前に、両面に薄力粉を薄くまぶす。

Check!

粉で表面をコーティングして焼くことで、肉汁を閉じ込めます。

●蒸し焼きにする

8

フライパンにサラダ油大さじ1を中火で熱し、7を並べ入れる。フライパンを軽く揺すりながら焼き、均一に焼き色がついたら裏返す。

Check!

割れないように、しっかり焼き色がついてから裏返します。フライパンのふちに沿ってすべらせるように返すとスムーズ。

9

赤ワインを入れてふたをし、蒸し焼きにする。パチパチと音がしてきたら火を弱め、5〜6分加熱し、ふくらんできたら裏返す。再度ふたをして弱火で2分焼く。

Check!

箸で中心を軽く押し、弾力があり、透明な肉汁が出てきたら焼き上がりのサインです。

●ソースを作り、盛りつける

10

ハンバーグを取り出し、フライパンの焦げや余分な脂をペーパータオルで軽くふき取る（肉汁はふかない）。赤ワインを入れて火にかけ、軽く煮つめ、ケチャップ、ソースを混ぜて温める。器に盛ったハンバーグにかけ、つけ合わせを添える。

\ でき上がり！ /

PART 1

お店で人気のハンバーグ

★★★

ベスト10

誰もが好きなデミグラスソースハンバーグをはじめ、
名物のしるばーぐ®やご飯☆バーグ、
チーズ好きにはたまらない
数種のチーズを使ったリッチなハンバーグ、
さっぱり味の和風ハンバーグなど、
当店で人気の高いハンバーグがずらり。
お店の味を、家庭でもぜひ楽しんでください。

デミグラスソースハンバーグ

トップクラスの人気を誇る、王道のデミグラスソースハンバーグ。
ふっくら柔らかいハンバーグ、じゅわっとあふれる肉汁、
濃厚なデミグラスソースが口の中で一体となり、至福の味わいです。

材料（2人分）

基本のハンバーグの材料（P7）…全量
デミグラスソース（下記）…全量
マッシュルーム…1個
バター…小さじ1
塩・こしょう…各少々
じゃがいもの素揚げ（P29）…全量
ボロネーゼソースのペンネ（P29）…全量
ブロッコリーの豆腐タルタルソースあえ（P29）
　…全量
ミニトマト…1個

作り方

1　基本のハンバーグ（P8〜9）の下準備、1〜9の要領で、肉だねを作り、成形して焼く。

2　ハンバーグを取り出し、下記の要領でデミグラスソースを作る。

3　マッシュルームは5mm幅に切る。別のフライパンにバターを溶かし、弱めの中火でマッシュルームを炒め、塩、こしょうをする。

4　器にハンバーグを盛り、じゃがいもの素揚げ、ボロネーゼソースのペンネ、ブロッコリーの豆腐タルタルソースあえ、へたを取って半分に切ったミニトマトを添える。手前に3を並べ、2をかける。

《デミグラスソースの作り方》

材料（2人分／60ml分）

赤ワイン　大さじ1

A｜デミグラスソース（缶詰）…60㎖
　｜トマトケチャップ…大さじ½
　｜砂糖…小さじ½

ハンバーグを焼いたフライパンの焦げや余分な脂をペーパータオルで軽くふき取る（肉汁はふかない）。

赤ワインを入れて中火にかけ、アルコール分をとばす。

弱火にし、Aを加えて混ぜ、全体がなじんだら火を止める。

榎研ハンバーグBLACK

もともと、"流れる温玉チーズハンバーグ"というメニュー名でしたが、
好評により、店名を冠した名前に変えた看板料理です。
試作を重ね、すべりやすい温玉をハンバーグにのせるコツも編み出しました。

材料（2人分）
基本のハンバーグの材料（P7）…全量
┃温泉卵（市販品）…2個
┃サラダ油…小さじ1
スライスチーズ（溶けるタイプ）…2枚
デミグラスソース（P13）…全量
粉チーズ…少々
細切りポテトフライ（下記）…全量
にんじんのペペロンチーノ風（下記）…全量
クレソン…適量

{細切りポテトフライ}
材料（2人分）と作り方：じゃがいも（メークイン）½個は皮をむ
いて細切りにし、170℃の揚げ油で揚げ、塩適量をふる。

{にんじんのペペロンチーノ風}
材料（2人分）と作り方：にんじん½本はピーラーで薄くスライ
スする。フライパンにオリーブ油小さじ1、赤唐辛子の小口切
り½本分、にんにくのみじん切り½片分を入れて弱火で熱し、
香りがしてきたらにんじんを入れて炒め、塩、黒こしょう各適
量で味を調える。にんじんに火が通ったら火を止める。

作り方

1 基本のハンバーグ（P8〜9）の下準備、1〜9
の要領で、肉だねを作り、成形して焼く。

2 別のフライパンにサラダ油を薄く引いて熱
し、温泉卵を入れて焦がさないように片面を
弱火で焼く。

3 耐熱の器に1を盛り、細切りポテトフライ、に
んじんのペペロンチーノ風、クレソンを添え
る。ハンバーグに2、スライスチーズを順に
のせ、弱めのバーナーで軽くあぶってチー
ズを溶かす。デミグラスソースをかけ、粉
チーズをふる。

★バーナーがない場合は、ハンバーグに温泉卵とチーズ
をのせ、オーブンやオーブントースターでチーズが溶
けるまで焼いてから器に盛ってください。

«Point»

温泉卵をそのままハンバーグにのせると、
すべり落ちてしまうことも。温泉卵を軽く
焼き、ざらっとした焼き目をつけること
で、ふっくらしたハンバーグにのせても
落ちにくくなります。

ナイフを入れると卵がとろっと流れ出る、動きのあるビジュア
ルも楽しく、食欲をさらにかき立てます。

初代しるばーぐ®

ハンバーグ丼にスープを添えたしるばーぐ。当初は見向きもされなかった料理ですが、
じわじわと人気が出て、いまではお店の名物メニューに。
風味豊かなかつおだしにハンバーグのうまみがからみ、唯一無二のおいしさです。

材料（2人分）

基本のハンバーグの材料（P7）…全量

スープ
　玉ねぎ…15g
　白菜・にら…各適量
　水…400㎖
　しょうゆ・めんつゆ（4倍濃縮タイプ）
　　…各大さじ2
　みりん・顆粒和風だしの素…各大さじ1
　おろしにんにく・オイスターソース・酢
　　…各小さじ½
　サラダ油…小さじ½

かつお粉…適量
味つき卵（下記）…全量
味つきメンマ・刻みのり・刻みしょうが…各適量
白炒りごま・万能ねぎの小口切り…各少々
ご飯…2人分

★味つき卵は、殻をむいた半熟卵2個とめんつゆ（4倍濃縮タ
イプ）200㎖をポリ袋に入れ、空気を抜いて口を結び、1日
漬けたものを使用。

作り方

1 スープを作る。玉ねぎはみじん切りにし、白
　菜、にらは食べやすい大きさに切る。鍋に
　サラダ油を弱火で熱し、玉ねぎを入れて薄く
　色づくまで炒める。残りの材料を加え、白
　菜に火が通るまで軽く煮る。

2 基本のハンバーグ（P8〜9）の下準備、1〜9
　の要領で、肉だねを作り、成形して焼く。

3 丼にご飯を盛ってかつお粉をかけ、2、味つ
　き卵、メンマ、のりをのせる。ごまと万能ね
　ぎをかける。

4 器に1を盛り、しょうがとともに3に添える。

まずは、くずしたハンバーグとご飯をスープに浸してどうぞ。
スープをどんぶりにかけて、お茶漬けのようにも楽しめます。

3種の焦がしチーズハンバーグ

それぞれのチーズのうまみが合わさり、ハンバーグのおいしさが何倍にも広がります。

材料（2人分）

基本のハンバーグの材料（P7）全量　モッツァレラチーズ（スライス）2枚　レッドチェダーチーズ（スライス）3枚　生クリーム大さじ1　マヨネーズ小さじ1　粉チーズ適量　オリーブ油大さじ2　イタリアンパセリのみじん切り少々　じゃがいもの素揚げ（P29）全量　ボロネーゼソースのペンネ（P29）全量　ブロッコリーの豆腐タルタルソースあえ（P29）全量　ミニトマト1個　デミグラスソース（P13）全量　万能ねぎの小口切り適量　オニオンソース（P24）全量

«Point»

チーズをバーナーでこんがりとあぶって溶かし、香ばしい風味を加えます。

作り方

1 基本のハンバーグ（P8〜9）の下準備、1〜9の要領で、肉だねを作り、成形して焼く。耐熱の器に盛り、じゃがいもの素揚げ、ボロネーゼソースのペンネ、ブロッコリーの豆腐タルタルソースあえ、へたを取って半分に切ったミニトマトを添える。

2 ハンバーグにモッツァレラチーズ、チェダーチーズを1枚ずつのせる。耐熱ボウルに残りのチェダーチーズと生クリームを入れ、600Wの電子レンジで20秒加熱する。マヨネーズを混ぜて全体がなめらかなペースト状になったら、ポリ袋の角に入れて上部をねじって持ち、袋の先端を切って器全体に絞る。

3 ハンバーグに粉チーズをかけてバーナーで焼き色をつけ、オリーブ油を回しかけ、イタリアンパセリをふる。デミグラスソース、万能ねぎを混ぜたオニオンソースを添える。

★バーナーがない場合は、ハンバーグにチーズ2枚をのせて粉チーズをかけ、オーブンやオーブントースターでチーズが溶けるまで焼き、器に盛って2のチーズペーストを絞ってください。

和牛のハンバーグ

うまみの強い、牛肉だけで作る贅沢なハンバーグ。お店では、柔らかくて肉汁の豊かな仙台牛を使っています。

材料（2人分）

肉だね
- 牛ひき肉…250g
- 塩…少々
- 玉ねぎのみじん切り…20g
- 麩…5g
- 牛乳…大さじ1
- A ┌ 溶き卵…Mサイズ¼個分
  │ 砂糖・ナツメグパウダー…各少々
  └ こしょう…適量
- 薄力粉・サラダ油…各適量
- 赤ワイン…30mℓ
- なす…½本
- 刻みしょうが…少々
- 大根おろし・自然塩・揚げ油…各適量
- 青じそ…2枚
- オニオンソース（P24）…全量

下準備：
- 麩はおろし金で細かくすりおろし、牛乳を少しずつ加えてそのつどよく混ぜる（P8）。玉ねぎ以外の肉だねの材料とともに、使う直前まで冷蔵庫で冷やしておく。

作り方

1. フライパンにサラダ油小さじ½を熱して玉ねぎを入れ、強めの中火できつね色になるまで炒める。粗熱を取り、冷蔵庫で冷やす。

2. ボウルにひき肉、塩を入れ、全体が白っぽくなって粘りが出るまでよく練り混ぜる。牛乳を混ぜた麩、1、Aを加え、手早く混ぜる。2等分にして小判形にまとめ、表面をならして形を整える。

3. 焼く直前に、2の表面に薄力粉を薄くまぶす。基本のハンバーグ（P9）の8〜9の要領で、サラダ油大さじ1を熱したフライパンで焼き、赤ワインを加えて蒸し焼きにし、好みの状態に火を通す。

4. なすは4等分に切り、170℃の揚げ油で揚げる。器に盛った3に添えてしょうがをのせ、大根おろしは青じそを敷いて添え、好みで柚子の皮を刻んでのせる。オニオンソース、自然塩を添える。

大葉とおろしの和風ハンバーグ

さっぱりと食べられる和風ハンバーグも根強い人気です。
あっさりとしながらも、深みのある味わいは、当店ならでは。

材料（2人分）
基本のハンバーグの材料（P7）…全量
和風おろしソース
　┌　　大根おろし…大さじ2
　│　　しょうゆ…大さじ1
　│ A 水・みりん・酒…各大さじ1½
　│　　酢…小さじ⅔
　│　　白ワイン…大さじ⅔
　└　黒こしょう…適量
大根おろし・青じそのせん切り…各適量
しし唐辛子…4本
もやしポン酢（下記）…全量
揚げ油…適量

{もやしポン酢}
材料（2人分）と作り方：鍋に顆粒鶏ガラスープの素大さじ1と
水500mℓを入れて煮立て、もやし½袋を軽くゆでて汁気をき
り、ポン酢しょうゆ大さじ2、白炒りごま少々であえる。

作り方

1 和風おろしソースを作る。鍋にAを入れ、
中火にかけてアルコール分をとばし、黒こし
ょうをふる。

2 基本のハンバーグ（P8〜9）の下準備、1〜9
の要領で、肉だねを作り、成形して焼く。

3 しし唐は竹串で数か所穴をあけ、170℃の揚
げ油で20秒ほど揚げる。器に2を盛って1を
かけ、もやしポン酢としし唐を添える。ハン
バーグに大根おろし、青じそを順にのせる。

東京モンスター★Demi Wasabi★

ユニークな名前の理由はアボカドやチェダーチーズの鮮やかな彩りと、
外国のお客さんにも楽しんでほしいから。"デミわさび"が食欲を刺激！

材料（2人分）
基本のハンバーグの材料（P7）…全量
アボカド…½個
練りわさび…大さじ1
デミグラスソース（P13）…全量
レッドチェダーチーズ（スライス）…2枚
細切りポテトフライ（P15）…全量
バターコーン（下記）…全量

{バターコーン}
材料（2人分）と作り方：コーン缶1缶（120g）は缶汁をきる。
フライパンにバター大さじ1を溶かし、コーンを入れて中火で
炒め、塩適量をふる。

作り方

1 アボカドは種と皮を取り、縦に1cm幅にスライ
　スし、さらに90度向きを変えて3等分に切
　る。6枚は飾り用に取っておき、残りはボウ
　ルに入れてつぶしながらわさびとあえる。

2 基本のハンバーグ（P8〜9）の下準備、1〜9
　の要領で、肉だねを作り、成形して焼く。

3 耐熱の器に2を盛り、1のディップしたアボカド
　をのせ、デミグラスソースをかける。さらに
　チェダーチーズをのせてバーナーであぶり、
　周りにアボカドを飾る。細切りポテトフライ
　とバターコーンを添える。

★バーナーがない場合は、ハンバーグにトッピングした
　ら、オーブンやオーブントースターでチーズが溶けるま
　で焼き、器に盛ってください。

ご飯☆バーグ

ご飯をハンバーグで包んだ肉巻きおにぎりのような一品。
肉汁と甘辛い照り焼きソースがしみたご飯が格別です。

材料（2人分）

基本のハンバーグの肉だねの材料（P7）…全量
ご飯…100g
塩…少々
照り焼きソース

A	しょうゆ…大さじ4
	みりん・白ワイン…各120㎖
	はちみつ…40㎖
	酢…小さじ2
	片栗粉…小さじ2

薄力粉…適量
サラダ油…大さじ1
万能ねぎの小口切り・白炒りごま…各適量

作り方

1 照り焼きソースを作る。鍋にAを入れ、中火にかけてアルコール分をとばす。同量の水で溶いた片栗粉を加えてとろみをつける。

2 ご飯は4等分にしてにぎり、塩をふる。基本のハンバーグ（P8〜9）の下準備、1〜5の要領で肉だねを作り、4等分にする。ご飯を包んで小判形にまとめ、表面をならして形を整える。

3 焼く直前に、2の両面に薄力粉を薄くまぶし、サラダ油を中火で熱したフライパンで焼く。焼き色がついたら裏返し、水50㎖を加えてふたをする。火を弱めて約5分加熱し、ふくらんできたら裏返す。再度ふたをして弱火で約1分蒸し焼きにし、中まで火を通す。

4 フライパンの焦げや余分な脂をペーパータオルで軽くふき取り、1を加え、中火で温めながらからめる。器に盛ってフライパンに残ったソースをかけ、万能ねぎ、ごまを散らす。

«Point»

ご飯を芯にし、肉だねで包み込むようにして成形します。

豆腐となすのデミグラスハンバーグ

絹ごし豆腐のなめらかな口あたり、とろりとした揚げなすの食感が
デミグラスソースに融合。ハンバーグもするっとのどを通ります。

材料（2人分）

基本のハンバーグの材料（P7）…全量
なす…1本
絹ごし豆腐…100g
合いびき肉（ソース用）…100g
塩・こしょう…各少々
デミグラスソース
　赤ワイン…大さじ2
　デミグラスソース（缶詰）…120㎖
　トマトケチャップ…大さじ1
　砂糖…小さじ1
オリーブ油…大さじ1
イタリアンパセリのみじん切り…少々
つけ合わせ
　じゃがいもの素揚げ（P29）…全量
　ボロネーゼソースのペンネ（P29）…全量
　ブロッコリー（塩ゆでしたもの）…適量
　ミニトマト（半分に切ったもの）…2切れ
揚げ油…適量

作り方

1　なすは四つ割りにして半分の長さに切り、170℃の揚げ油で1分揚げる。豆腐は12等分に切り、600Wの電子レンジで40秒加熱し、水気をきる。

2　基本のハンバーグ（P8〜9）の下準備、1〜9の要領で、肉だねを作り、成形して焼く。ハンバーグを取り出す。

3　フライパンの焦げや余分な脂をペーパータオルで軽くふき取り、ひき肉を入れて塩、こしょうをし、中火で炒める（肉は細かくくずさず、ごろごろとした状態でしっかりと焼き色をつける）。デミグラスソースの材料を加えて混ぜ、1を加えて軽く煮る。

4　器に2とつけ合わせを盛る。ハンバーグに3をかけ、オリーブ油を回しかけてイタリアンパセリをふる。

焦がしチーズのせ
特製オニオンソースハンバーグ

豊かなうまみと香りのオニオンソース。
香ばしいチーズの風味も相まって
ハンバーグのおいしさがさらに際立ちます。

材料（2人分）

基本のハンバーグの材料（P7）…全量
オニオンソース（下記）…全量
スライスチーズ（溶けるタイプ）…2枚
万能ねぎの小口切り…適量
フライドオニオン…適量
キャベツのペペロンチーノ風（下記）…全量
長いものソテー（右記）…全量

作り方

1 基本のハンバーグ（P8〜9）の下準備、1〜9 の要領で、肉だねを作り、成形して焼く。

2 下記の要領でオニオンソースを作る。

3 耐熱の器に1を盛り、チーズをのせてバーナーであぶる。2をかけ、万能ねぎ、フライドオニオンを散らす。キャベツのペペロンチーノ風、長いものソテーを添える。

★バーナーがない場合は、ハンバーグにチーズをのせ、オーブンやオーブントースターでチーズが溶けるまで焼いてから器に盛ってください。

｛キャベツのペペロンチーノ風｝

材料（2人分）と作り方：キャベツ3〜4枚は3cm四方に切る。フライパンにオリーブ油大さじ1、赤唐辛子の小口切り½本分、にんにくのみじん切り1片分を入れて弱火で熱し、香りがしてきたらキャベツを入れて炒め、顆粒コンソメスープの素小さじ½を加え、塩、こしょうで味を調える。キャベツがしんなりしてきたら火を止める。

｛長いものソテー｝

材料（2人分）と作り方：長いもは皮をつけたまま7mm幅に切ったものを4枚用意する。フライパンにサラダ油少々を中火で熱し、長いもを入れて両面を色よく焼く。しょうゆ大さじ2、みりん、白ワイン各大さじ4、はちみつ小さじ4、酢小さじ1を加えてからめる。片栗粉小さじ1を同量の水で溶いて加え、とろみをつける。

《オニオンソースの作り方》

材料（2人分／60ml分）

玉ねぎのみじん切り…60g

A
　しょうゆ…大さじ2
　酢…小さじ⅓
　みりん・酒…各30ml
　白ワイン…大さじ1
　レモン汁…小さじ⅓

黒こしょう…少々
サラダ油…大さじ1

1 フライパンにサラダ油を中火で熱し、玉ねぎを入れて炒める。きつね色になったら、いったん火を止める。

2 Aを加える。

3 中火にかけて軽く煮つめ、こしょうをふる。

榎研流ソースバリエ5種

ソースのレパートリーを増やせば、ハンバーグのおいしさがさらに広がります。
クリームソース、和風ソースなど、オリジナリティ豊かなレシピを紹介します。

明太子クリームソース

明太子×ハンバーグの
ユニークな組み合わせで
新鮮なおいしさに出合えます。

材料（2人分）

辛子明太子…50g

A ｜ 生クリーム…100㎖
　 ｜ めんつゆ（4倍濃縮タイプ）
　 ｜ 　…大さじ1
　 ｜ マヨネーズ・レモン汁
　 ｜ 　…各小さじ1
　 ｜ 昆布茶…小さじ½
　 ｜ 白こしょう…少々

作り方

明太子は薄皮を取り除いてほぐす。鍋にAとともに入れて火にかけ、軽く煮つめる。

＼おすすめの食べ方／
ハンバーグに明太子クリームソースをかけ、刻んだ青じそ、刻みのりをのせてどうぞ。

フレッシュトマトとバジルの和風ソース

しょうゆ味のさっぱりした
ソースにトマトとバジルをIN！

材料（2人分）

トマト…1個
バジル…4枚
酢…大さじ1
めんつゆ（4倍濃縮タイプ）
　…大さじ2
塩昆布…一つまみ
砂糖…小さじ½

作り方

トマトはへたを取って粗く刻み、バジルは小さくちぎる。すべての材料をボウルに入れてあえる。

＼おすすめの食べ方／
ゆでたスパゲッティを敷いてハンバーグをのせ、ソースをかけてどうぞ。ソースの具はカットした長いもやアボカドに替えても美味。

塩麹なめたけソース

うまみたっぷり。ソースのとろみがハンバーグによくからみます。

材料（2人分）

えのきだけ…⅓袋
しょうゆ・みりん・酒…各大さじ1
塩昆布…一つまみ
昆布茶…小さじ⅓
塩麹…小さじ1
水…50㎖
白こしょう…少々

作り方

えのきは根元を落とし、1cm幅に切る。残りの材料とともに鍋に入れ、弱めの中火でとろみがつくまで煮る。

＼おすすめの食べ方／
ハンバーグに揚げなすをトッピングし、塩麹なめたけソースをかけるのがおすすめです。

八丁みそソース

濃厚な八丁みそに辛味をきかせた風味豊かなソースです。

材料（2人分）

八丁みそ…大さじ2½
白ワイン・酒…各50㎖

A ｜ 砂糖…30g
　 ｜ コチュジャン・ラー油
　 ｜ 　…各小さじ1

白炒りごま…大さじ1

作り方

鍋に白ワイン、酒を入れて中火にかけ、アルコール分をとばし、八丁みそを溶かし入れる。弱火で温めながらAを加えて混ぜ、全体がなじんだらごまを加える。

＼おすすめの食べ方／
ハンバーグに温泉卵をトッピングし、八丁みそソースをかけて食べるのがおいしい組み合わせです。

オニオンチャップソース

にんにく風味のこってりソースがハンバーグのうまみにマッチ。

材料（2人分）

玉ねぎのすりおろし…½個分
トマトケチャップ…大さじ4
ウスターソース…小さじ2
みりん…大さじ2
おろしにんにく…1片分

作り方

鍋にすべての材料を入れて中火にかけ、軽く煮つめる。

＼おすすめの食べ方／
ハンバーグはもちろん、ポークソテーや鶏のから揚げとも相性抜群です！

フレッシュトマトとバジルの
和風ソース

明太子クリームソース

塩麹なめたけソース

八丁みそソース

オニオンチャップソース

 榎本ハンバーグ研究所の ハンバーグ弁当

ランチタイム限定のテイクアウトメニューとして
ハンバーグ弁当や、ハンバーガー（春日後楽園店のみ）を提供しています。
冷めてもおいしい、白いご飯に合うハンバーグのお弁当を紹介します。

照り焼きキムチソースのハンバーグ弁当

スパイシーな甘辛味のソースにきのこをミックスし、
うまみと食感、栄養バランスをアップします。

材料（2人分）

基本のハンバーグの材料（P7）…全量
照り焼きソース
A　しょうゆ…大さじ2
　　みりん・白ワイン…各大さじ4
　　はちみつ…小さじ4
　　酢…小さじ1
片栗粉…小さじ1
水…小さじ1
しめじ…30g
キムチの素…小さじ1
サラダ油…小さじ1
万能ねぎの小口切り…適量
白炒りごま…少々
つけ合わせ
　　じゃがいもの素揚げ（下記）…全量
　　ボロネーゼソースのペンネ（下記）…全量
　　ブロッコリーの豆腐タルタルソースあえ（下記）
　　　…全量
　　ミニトマト…1個
ご飯…2人分

作り方

1　基本のハンバーグ（P8〜9）の下準備、1〜9の
　要領で、肉だねを作り、成形して焼く。

2　ご飯☆バーグ（P22）の1の要領で、照り焼きソース
　を作る。

3　しめじは石づきを取って小房に分ける。1のフライパンを洗ってサラダ油を中火で熱し、しめじを炒め、2、キムチの素を加えて温める。

4　弁当箱にご飯を盛り、1を盛って3をかけ、万能ねぎ、ごまをふる。ミニトマトはへたを取って半分に切り、残りのつけ合わせとともに添える。

［榎研の定番つけ合わせ］

ほくほくのじゃがいも、特製ソースを使った歯ごたえのよいペンネ、
箸休めに最適なブロッコリーのタルタル。
どのハンバーグとも相性のよい、この3種を添えるのがうちのスタイルです。
ミニトマトもプラスし、さらに彩りよく仕上げます。

｛じゃがいもの素揚げ｝

材料（2人分）と作り方：じゃがいも（メークイン）½個は皮をむいて乱切りにする。鍋にかぶる程度の水とともに入れて加熱し、竹串を刺してすっと通るまでゆでる。170℃の揚げ油で4分揚げる。

｛ボロネーゼソースのペンネ｝

材料（2人分）と作り方：ペンネ10本をゆで、ボロネーゼソース（P83）大さじ3であえる。

｛ブロッコリーの豆腐タルタルソースあえ｝

材料（2人分）と作り方：１ソースを作る。木綿豆腐50gは600Wの電子レンジで3分加熱し、水気をきる。粗熱が取れたら、ボウルに入れて細かくつぶし、ゆで卵½個、玉ねぎのみじん切り10g、マヨネーズ50mℓ、昆布茶、レモン汁各小さじ½、塩、こしょう各少々を加えて混ぜ合わせる。２塩ゆでしたブロッコリー2房を１であえる。

PART 2

おもてなしにぴったり!

★★★

ごちそうハンバーグ

チーズを贅沢に使ったハンバーグ、
ひと手間加えた、濃厚ソースで楽しむハンバーグ、
上質な肉だねで作るこだわりのハンバーグなど、
ごちそう感のあるハンバーグが大集合!
誕生日や記念日など、うれしいことがあった日や
気のおけない仲間と集まるときに最適で
見映えも抜群のレシピばかりです。

〔チーズのハンバーグ〕

大人も子どもも大好きなチーズハンバーグ。
おなじみのチーズインハンバーグや、
当店で人気の高いガーリックチーズハンバーグなど、
選りすぐりのごちそうメニューを紹介します。

チーズインハンバーグ

ジューシーなハンバーグをカットすると、チーズがとろり。
チーズを肉だねで包むとき、表面からチーズが見えたり、
偏ったりしないようにするのが、上手に焼くコツです。

材料（2人分）

基本のハンバーグの材料（P7）…全量
スライスチーズ（溶けるタイプ）…2枚
デミグラスソース（P13）…全量
長いものソテー（P24）…全量
ベビーリーフ…適量
ミニトマト…2個

作り方

1　チーズは半分に折り、ロール状に巻く（隙間がないように、きつめに巻く）。

2　基本のハンバーグ（P8）の下準備、1〜5の要領で肉だねを作り、2等分にする。1をそれぞれ包んで小判形にまとめ、表面をならして形を整える。

3　基本のハンバーグ（P9）の7〜9の要領で2を焼く。

4　器に3を盛ってデミグラスソースをかけ、長いものソテー、ベビーリーフ、ミニトマトを添える。

«Point»

手に肉だねを丸く広げ、巻いたチーズを中心に置きます。チーズがはみ出さないように包み込み、成形します。

悪魔系! 超ガーリック＆チーズハンバーグ

3種のにんにくのトッピング、ガーリックソース、
マー油と、にんにくづくし。チーズとも好相性。

材料（2人分）

基本のハンバーグの材料（P7）…全量
和風ガーリックソース《にんにくの薄切り…1片分
　　玉ねぎのみじん切り…50g　A〈酒・しょうゆ…
　　各大さじ1½　はちみつ…大さじ1〉　サラダ油
　　…大さじ1》
にんにくフリット《にんにく…4片　衣〈薄力粉…
　　大さじ⅔　塩…少々　水…大さじ½〉　揚げ油
　　…適量》
にんにくのしょうゆ漬け《にんにく…6片　めんつ
　　ゆ（4倍濃縮タイプ）…100mℓ　酒…50mℓ》
ガーリックチップ《にんにくの薄切り…2片分　サ
　　ラダ油…適量》
スライスチーズ（溶けるタイプ）…2枚
マー油・万能ねぎの小口切り…各適量
ピーマンソテー（下記）…全量　ミニトマト…4個

{ピーマンソテー}
材料（2人分）と作り方：フライパンにサラダ油大さじ1を中火
で熱し、ピーマンの細切り2個分を炒め、塩、黒こしょう各
少々をふる。

作り方

1　和風ガーリックソースを作る。サラダ油を弱
　　火で熱したフライパンでにんにくを炒め、色
　　づいてきたら玉ねぎを加えて炒め、Aを加え
　　て中火でアルコール分をとばす。

2　にんにくフリットを作る。ボウルに衣を混ぜ
　　てにんにくをくぐらせ、170℃の揚げ油で3分
　　ほど揚げる。

3　にんにくのしょうゆ漬けを作る。小鍋にすべ
　　ての材料を入れ、弱めの中火でにんにくに
　　味がしみ込むまで煮る。

4　ガーリックチップを作る。フライパンに多め
　　のサラダ油を入れ、にんにくを弱火で揚げ
　　焼きにする。きつね色になったら取り出し、
　　ペーパータオルで油をきる。

5　基本のハンバーグ（P8〜9）の下準備、1〜9
　　の要領で、肉だねを作り、成形して焼く。耐
　　熱の器に盛ってチーズをのせ、バーナーで
　　あぶる。1をかけて2と4をのせ、3を手前に並
　　べてマー油をかける。万能ねぎを散らし、ピー
　　マンソテー、ミニトマトを添える。

　★バーナーがない場合は、ハンバーグにチーズをのせ、
　　オーブンやオーブントースターでチーズが溶けるまで
　　焼いてから器に盛ってください。

2段チーズハンバーグ

チーズハンバーグを豪快に重ねた大満足の一品です。
粉チーズもたっぷりかけました。

材料（2人分）

基本のハンバーグの材料（P7）…倍量
スライスチーズ（溶けるタイプ）…4枚
デミグラスソース（P13）…全量
粉チーズ…大さじ1
ズッキーニソテー（下記）…全量
ケチャップスパゲッティ（右記）…全量

{ズッキーニソテー}
材料（2人分）と作り方：ズッキーニは7mm幅の輪切りを4枚用
意し、サラダ油少々を熱したフライパンで焼き色をつけ、塩、
黒こしょう各少々をふる。

作り方

1　基本のハンバーグ（P8〜9）の下準備、1〜9
　　の要領で、肉だねを作り、4等分にする。成
　　形して焼き、最後に裏返して表になる面を上
　　にしたらスライスチーズをのせ、ふたをして
　　チーズが溶けるまで蒸し焼きにする。

2　器に1を2段に重ねて盛り、デミグラスソース
　　をかけて粉チーズをふる。ズッキーニソテ
　　ー、ケチャップスパゲッティを添える。

{ケチャップスパゲッティ}
材料（2人分）と作り方：スパゲッティ50gをゆで、サラダ油
少々を熱したフライパンで軽く炒める。トマトケチャップ適量
を混ぜて塩、こしょうで味を調える。

カレーグラタン恋するハンバーグ

キーマカレー風のソースとホワイトソースをたっぷりかけて
2種のチーズをトッピング。
グラタン仕立てのスペシャルなハンバーグです。

材料（24cm×15cm×高さ4.5cmのグラタン皿1個分）

基本のハンバーグの材料（P7）…全量
玉ねぎ…½個
マッシュルーム…5個
バター…15g
ホワイトソース…1缶（290g）
牛乳…200ml
合いびき肉…100g
デミグラスソース（P13）…倍量
カレールウ…1片
ピザ用チーズ…50g
生クリーム…大さじ1
粉チーズ…大さじ1
サラダ油…大さじ½
イタリアンパセリのみじん切り…適量

作り方

1 玉ねぎ、マッシュルームはそれぞれ薄切りにする。

2 鍋にバターを溶かして1を入れ、しんなりするまで中火で炒める。ホワイトソース、牛乳を加えて混ぜ、なめらかになるまで温める。

3 基本のハンバーグ（P8〜9）の下準備、1〜9の要領で、肉だねを作り、成形して焼く。

4 別の鍋にサラダ油を中火で熱し、ひき肉を入れて炒め、デミグラスソース、ルウを混ぜて温める。味をみて、塩味を水で調整する。

5 グラタン皿に3をのせて4をかけ、さらに2をかける。ピザ用チーズを散らし、生クリーム、粉チーズをかける。

6 180℃に温めたオーブンで焼き色がつくまで15分ほど焼く。仕上げにパセリを散らす。

こんがりチーズとマイルドなカレーソース、ジューシーなハンバーグの組み合わせが最高で、魅了されるほどおいしい自慢の一品です。ぜひお試しください。

«Point»

ハンバーグに2種のソースをかけ、ピザ用チーズと粉チーズをダブルでかけてオーブンへ。

〔濃厚ソースのハンバーグ〕

おいしいひと手間を加えたクリームソース、奥深い味わいのバーベキューソースなど、
ハンバーグのうまみに負けない、リッチなソースで楽しむメニューです。

温玉クリームのカルボナーラ風ハンバーグ

うまみ豊かな生ハムとベーコンを使った濃厚なクリームソースと
温泉卵の取り合わせ。
口の中で、ハンバーグと肉汁、ソースが合わさった瞬間は感動ものです!

材料（2人分）
基本のハンバーグの材料（P7）…全量
生ハム…5g
ベーコン…20g
にんにくのみじん切り…2片分
白ワイン…大さじ½
生クリーム…100㎖
粉チーズ… 適量
塩・黒こしょう…各適量
温泉卵（市販品）…2個
粗びき黒こしょう…適量
オリーブ油…大さじ1
サラダ油…小さじ1
ズッキーニソテー（P35）…全量
にんじんのローズマリーソテー（下記）…全量

{にんじんのローズマリーソテー}
材料（2人分）と作り方：オリーブ油大さじ½を熱したフライパンでにんじんのせん切り½本分を炒め、ローズマリー（ドライ）小さじ⅓、塩、こしょう各少々をふる。

作り方

1 生ハム、ベーコンはそれぞれ細切りにする。
2 フライパンにオリーブ油、にんにくを入れて弱火にかけ、香りが出るまで炒めて1を入れる。ベーコンの脂が出てきたら、白ワインを加えて中火でアルコール分をとばす。
3 弱火にし、生クリーム、粉チーズ大さじ1を加え、塩、こしょうで味を調える。
4 小さめのフライパンにサラダ油を弱火で熱し、温泉卵を割り入れ、片面に焼き目をつける。
5 基本のハンバーグ（P8〜9）の下準備、1〜9の要領で、肉だねを作り、成形して焼く。
6 器に5をのせて3をかけ、4をのせる。粗びきこしょうをソースにかけ、温泉卵に粉チーズ適量をふる。ズッキーニソテー、にんじんのローズマリーソテーを添える。

クリーミーなカルボナーラソースにとろ〜り卵で、さらに濃厚な味わいに。

ガーリッククリームソースのハンバーグ

にんにくのうまみをガツンときかせた濃厚なクリームソース。
にんにくフリットのほくっとした食感、生ハムの塩味がアクセントに。

材料（2人分）

基本のハンバーグの材料（P7）…全量
- 生クリーム…100mℓ
- A おろしにんにく…1片分
- めんつゆ（4倍濃縮タイプ）…大さじ¼

塩・白こしょう…各少々
粉チーズ…大さじ1
にんにくフリット
- にんにく…4片
- 衣 薄力粉…大さじ⅔
- 塩…少々
- 水…大さじ½
- 揚げ油…適量

生ハム…適量
キャベツのペペロンチーノ風（P24）…全量
ミニトマト…4個

作り方

1 基本のハンバーグ（P8～9）の下準備、1～9の要領で、肉だねを作り、成形して焼く。

2 小鍋にAを入れ、弱火で温める。底が焦げないようにへらで混ぜながら軽く煮つめ、塩、こしょうで味を調え、粉チーズを混ぜる。とろみがついたら火を止める。

3 にんにくフリットを作る。ボウルに衣の材料を混ぜ合わせ、にんにくをくぐらせ、170℃の揚げ油で衣に色がつくまで3分揚げる。

4 器にハンバーグを盛って2のソースをかけ、生ハムと3をのせる。キャベツのペペロンチーノ風、ミニトマトを添える。

バーベキューソースのハンバーグ

スパイシーなソースがハンバーグにマッチ。ジューシーな焼きトマト、
みずみずしいズッキーニがおいしさを引き立てます。

材料（2人分）

基本のハンバーグの材料（P7）…全量
バーベキューソース
- トマトペースト、マスタード…各小さじ1
- 酢・しょうゆ・チャツネ…各大さじ1
- ウイスキー…50mℓ
- ウスターソース・中濃ソース…各大さじ2
- 塩・砂糖…各小さじ1

トマトの輪切り（1.5cm厚さのもの）…2切れ
ズッキーニ…⅓本
にんにくのみじん切り…½片分
赤唐辛子の小口切り…適量
塩・こしょう…各少々
オリーブ油…大さじ1
皮つきフライドポテト（下記）…全量

{皮つきフライドポテト}
材料（2人分）と作り方：じゃがいも（メークイン）1個を皮つき
のままくし形に切り、170℃の揚げ油で揚げて塩適量をふる。

作り方

1 基本のハンバーグ（P8～9）の下準備、1～9の要領で、肉だねを作り、成形して焼く。

2 バーベキューソースを作る。鍋にすべての材料を入れて中火にかけ、アルコール分をとばしながら軽く煮つめる。

3 トマトは600Wの電子レンジで20秒温め、フライパンで焼き色がつく程度に両面を焼く。

4 ズッキーニはピーラーで薄くスライスする。フライパンにオリーブ油、にんにく、赤唐辛子を弱火で熱し、香りがしてきたらズッキーニを入れ、軽く炒めて塩、こしょうをふる。

5 器にハンバーグを盛って2のソースをかけ、3、4をのせ、皮つきフライドポテトを添える。

きのこと野菜たっぷり煮込みハンバーグ

ブラウンソースをアレンジした、きのこのうまみがいっぱいのソースで
ハンバーグとブロッコリー、じゃがいもを煮込みます。
ワインと一緒に楽しみたい、大人のハンバーグです。

材料（2人分）

基本のハンバーグの材料（P7）…全量
玉ねぎ…½個
マッシュルーム…20g
しめじ…30g
じゃがいも（メークイン）…1個
ブロッコリー…½株
バター…10g
薄力粉…小さじ4
トマトケチャップ…大さじ3
赤ワイン…100mℓ
　　水…200mℓ
　　ウスターソース…大さじ1½
A　砂糖…小さじ1
　　顆粒コンソメスープの素…小さじ1½
　　おろしにんにく…½片分
生クリーム…適量
イタリアンパセリのみじん切り…適量

作り方

1　玉ねぎは繊維と垂直に細切りにする。マッシュルームは四つ割りにし、しめじは石づきを取って小房に分ける。じゃがいもは皮をむいて乱切りにし、ブロッコリーは小房に分けてゆでる。

2　基本のハンバーグ（P8〜9）の下準備、1〜9の要領で、肉だねを作り、成形し、鍋で焼く。

3　ハンバーグを取り出し、余分な脂や焦げをペーパータオルで取り除く。バターを入れて中火で溶かし、玉ねぎを入れて炒める。マッシュルーム、しめじを加えて炒め、薄力粉を加えて茶色になるまで炒める。

4　ケチャップを加えて煮つめ、赤ワインを加えてアルコール分をとばす。Aを加え、ハンバーグを鍋に戻す。

5　じゃがいもとブロッコリーを加え、とろみがつくまで弱めの中火で煮込む。仕上げに生クリーム、イタリアンパセリをかける。

«Point»

ハンバーグを焼いたら取り出し、肉汁の残った鍋でソース作り。バターで玉ねぎ、きのこの順に炒めます。

粉を加えて茶褐色になるまで炒めたら、ケチャップを加えて煮つめ、コクをアップ。さらにワインで風味をつけます。

九条ねぎのクリームソースハンバーグ

香りのよい九条ねぎをミックスした大人味のクリームソースは
ハンバーグのうまみに負けないリッチなおいしさ。
トッピングにも九条ねぎを使って食感を楽しみます。

材料（2人分）

基本のハンバーグの材料（P7）…全量
九条ねぎ…1½本
白ワイン…大さじ½
生クリーム…100㎖
A 　顆粒コンソメスープの素…小さじ1
　　バター…小さじ½
塩・白こしょう…各少々
オリーブ油…大さじ1
皮つきフライドポテト（P41）…半量
にんじんのペペロンチーノ風（P15）…全量

作り方

1 基本のハンバーグ（P8〜9）の下準備、1〜9
の要領で、肉だねを作り、成形して焼く。

2 九条ねぎは斜めに切り、オリーブ油を中火
で熱したフライパンで軽く焼き色がつく程度
まで炒める。白ワインを加えてアルコール分
をとばし、火を止める。⅓量をトッピング用に
取っておく。

3 2のフライパンに生クリームを加えて中火で
温めたら、フードプロセッサーに入れ、ねぎ
の形が少し残る程度まで撹拌する。

4 フライパンに戻し入れて弱火にかけ、Aを加
えて溶かし、塩、こしょうで味を調える。

5 器にハンバーグを盛って4のソースをかけ、
好みで生ハム適量を小さくちぎってソースに
散らし、トッピング用のねぎをハンバーグに
のせる。皮つきフライドポテト、にんじんの
ペペロンチーノ風を添える。

«Point»

九条ねぎを炒めることで香ばしい風味を
プラス。甘みも引き出します。

〔豚肉の極上ハンバーグ〕

豚肉だけで作るハンバーグのおいしさも格別です。豚の脂には甘みがあり、
融点が低いのでさらりとした口溶け。ジューシーながらも、軽やかな味わいです。

豚肉100%のプレミアムハンバーグ

甘みと濃厚なうまみのあるイベリコ豚やアグー豚など、いろいろな種類の豚肉で作りましたが、
現在は、柔らかくてうまみと風味の豊かな霧島山麓豚を使っています。
お好みの銘柄豚でお試しください。

材料（2人分）

肉だね
- 豚ひき肉（霧島山麓豚などの
　銘柄豚がおすすめ）…300g
- 玉ねぎ…½個
- 麩…10g
- 牛乳…30㎖
- 塩…少々
- A
  - 溶き卵…Mサイズ½個分
  - マヨネーズ…大さじ1
  - 塩麹…小さじ1
  - しょうがのすりおろし…小さじ½
  - 砂糖・黒こしょう・ナツメグパウダー…各少々

薄力粉…適量
赤ワイン（なければ水）…30㎖
サラダ油…適量
オニオンソース（P24）…全量
万能ねぎの小口切り…適量

下準備：
・麩はおろし金で細かくすりおろし、牛乳を少しずつ加え
てそのつどよく混ぜる（P8）。玉ねぎ以外の肉だねの
材料とともに、使う直前まで冷蔵庫で冷やしておく。

作り方

1 玉ねぎはみじん切りにし、サラダ油小さじ½
を熱したフライパンに入れ、強めの中火でき
つね色になるまで炒める。粗熱を取り、冷
蔵庫で冷やす。

2 ボウルにひき肉、塩を入れ、肉をにぎるよう
にしながら、粘りが出るまでよく練り混ぜる。

3 牛乳を混ぜた麩、1、Aを加え、全体が均一に
なるように手早く混ぜる。2等分にして小判形
にまとめ、表面をならして形を整える。

4 焼く直前に、3の両面に薄力粉を薄くまぶす。
基本のハンバーグ（P9）の8〜9の要領で、サ
ラダ油大さじ1を熱したフライパンで焼き色を
つけたら赤ワインを入れ、蒸し焼きにする。
万能ねぎを加えたオニオンソースを添える。

ふっくら、柔らかなポークハンバーグに、さっぱりとした和風
味のオニオンソースがよく合います。

超粗びき豚のハンバーグ トンテキ風

豚肉を粗めに刻んだ自家製ひき肉で作る肉々しいハンバーグ。
肉のうまみをストレートに堪能できます。
あふれる肉汁と、にんにくをきかせたコクうまソースのハーモニーがたまりません。

材料（2人分）

肉だね
　豚こま切れ肉…280g
　塩…小さじ½
　　溶き卵…Mサイズ½個分
　　片栗粉…小さじ2
　　酒…小さじ2
A　塩麹…大さじ½
　　しょうがのすりおろし…小さじ1
　　ナツメグパウダー…小さじ⅓
　　こしょう…適量
薄力粉…適量
サラダ油…大さじ1
ソース
　にんにくの薄切り…2片分
　ウスターソース…大さじ1½
　オイスターソース…大さじ1
　みりん…大さじ1
　黒こしょう…適量
　サラダ油…大さじ½
キャベツのせん切り…適量
トマトのくし形切り…4切れ
和辛子…適量

下準備：
・肉だねの材料は使う直前まで冷蔵庫で冷やしておく。

作り方

1　豚肉は1cm幅に切り、ボウルに塩とともに入れ、肉をにぎるようにしながら、粘りが出るまでよく練り混ぜる。Aを加え、全体が均一になるように手早く混ぜる。

2　4等分にして小判形にまとめ、表面をならして形を整える。焼く直前に、両面に薄力粉を薄くまぶす。

3　フライパンにサラダ油を中火で熱し、2を並べ入れ、ハンバーグの中央を少しくぼませて火を通りやすくする。フライパンを軽く揺すりながら焼き、均一に焼き色がついたら裏返す。

4　水50mlを入れてふたをし、弱めの中火で6〜8分蒸し焼きにする（途中で焦げそうになったら、水を足す）。箸でハンバーグの中心を軽く押し、透明な肉汁が出たら、火を止めて器に盛る。

5　ソースを作る。フライパンを洗ってサラダ油、にんにくを入れ、弱火にかけてじっくりと炒める。にんにくがきつね色になったら取り出し、残りの調味料を入れて軽く煮つめる。

6　4の器にキャベツ、トマトを添え、ハンバーグに5のソースをかけてにんにくをのせ、和辛子を添える。

«Point»

こま切れ肉を切ってひき肉を手作りすることで、フレッシュな風味を楽しめます。肉は粗く刻み、歯ごたえを残します。

〔野菜のハンバーグ〕

彩りのよい野菜を使った、目にも舌にもうれ
しいハンバーグを集めました。加えて、アボ
カドをたっぷり使ったメニューも紹介します。

夏越^{なごし}ハンバーグ（作り方はP52）

トマトとなす、豆腐をあわせ、
大根おろしととろろでさっぱりと。
暑い夏にもスルッと食べられる、
榎研風・夏越ご飯です。

なすと万願寺唐辛子の和風しょうがソースハンバーグ（作り方はP52）

万願寺唐辛子のほどよい辛味と甘みが
ハンバーグと好相性。揚げなすとトッピングし、
しょうが風味の和風ソースでどうぞ。

夏越ハンバーグ（なごし）

彩り野菜の甘酢あんかけハンバーグ（作り方はP53）

赤パプリカ、なす、ヤングコーンなど、いろいろな野菜と
ハンバーグのうまみを甘酢あんでまとめます。

アボカドの和風ハンバーグ丼
（作り方はP53）

ご飯にしみた肉汁と甘辛いたれ。濃厚&クリーミーなアボカド。
わさびマヨネーズがおいしさをつないでいます。

夏越ハンバーグ
なごし

材料（2人分）
基本のハンバーグの材料（P7）全量　なす1/2本
絹ごし豆腐1/3丁　トマトのくし形切り4切れ　長
いものすりおろし・大根おろし各適量　青じそ2
枚　しょうがソース《玉ねぎのみじん切り大さじ1
しょうがのみじん切り・しょうゆ・みりん・酒各大さ
じ2　酢・サラダ油各小さじ1》　柚子の皮・刻み
しょうが各少々　ご飯2人分　揚げ油適量

作り方
1 しょうがソースを作る。鍋にサラダ油を中火
　で熱し、玉ねぎ、しょうがを入れて炒める。
　玉ねぎが色づいてきたら、残りの調味料を
　加え、アルコール分をとばしながら軽く煮つ
　める。
2 基本のハンバーグ（P8〜9）の下準備、1〜9
　の要領で、肉だねを作り、成形して焼く。な
　すは4等分に切り、170℃の揚げ油で揚げる。
3 器にご飯を盛り、2、4等分に切った豆腐、ト
　マトをのせ、長いもをかける。ハンバーグに
　青じそ、大根おろし、刻んだ柚子の皮をの
　せ、豆腐にしょうがをのせて全体にソースを
　かける。

なすと万願寺唐辛子の
和風しょうがソースハンバーグ

材料（2人分）
基本のハンバーグの材料（P7）全量　なす1/2本
万願寺唐辛子1本　しょうがソース（上記）全量
糸唐辛子・白炒りごま各少々　つけ合わせ《もや
しポン酢（P20）全量　ミニトマト4個》　揚げ油適
量

作り方
1 なすは縦半分に切り、斜めに半分に切る。
　万願寺唐辛子も同様に切る。ともに170℃の
　揚げ油で軽く揚げる。
2 基本のハンバーグ（P8〜9）の下準備、1〜9
　の要領で、肉だねを作り、成形して焼く。
3 器に2を盛って1をのせ、糸唐辛子をのせる。
　しょうがソースをかけてごまをふり、つけ合
　わせを添える。

彩り野菜の甘酢あんかけハンバーグ

材料（2人分）

基本のハンバーグの材料（P7）全量　なす1/2本
赤パプリカ1/8個　白菜30g　にら20g　ヤング
コーン2本　甘酢ソース《A〈しょうゆ大さじ1 1/2
米酢・みりん・砂糖各大さじ1　水50ml〉　片栗粉
小さじ1　ごま油少々》　揚げ油適量　つけ合わ
せ《皮つきフライドポテト（P41）半量　にんじん
のローズマリーソテー（P39）全量》

作り方

1 基本のハンバーグ（P8〜9）の下準備、1〜9
の要領で、肉だねを作り、成形して焼く。

2 なすは縦半分に切ってから半分に切る。パ
プリカは縦半分に切り、斜め半分に切る。と
もに170℃の揚げ油で軽く揚げる。

3 甘酢ソースを作る。鍋でAを加熱し、同量
の水で溶いた片栗粉を加えてとろみをつけ、
ごま油を加える。

4 白菜、にらはざく切りにし、ヤングコーンは
縦半分に切る。ともに耐熱容器に入れ、
600Wの電子レンジで20秒ほど加熱。白菜
の軸がかたい場合はさらに加熱する。2、3を
加えてラップをし、電子レンジでさらに1分ほ
ど温める。器に盛った1にかけ、つけ合わせ
を添える。

アボカドの和風ハンバーグ丼

材料（2人分）

基本のハンバーグの材料（P7）全量　アボカド1
個　ミニトマト2個　照り焼きソース《しょうゆ大さ
じ2　みりん・白ワイン各大さじ4　はちみつ小さ
じ4　酢小さじ1　片栗粉・水各小さじ1》　わさび
マヨネーズ《マヨネーズ大さじ2　練りわさび小
さじ1》　万能ねぎの小口切り・刻みのり各適量
白炒りごま少々　ご飯2人分

作り方

1 アボカドは縦半分に切り、種を取って皮をむ
き、さらに8等分にスライスする。ミニトマト
はへたを取り、4等分に切る。

2 基本のハンバーグ（P8〜9）の下準備、1〜9
の要領で、肉だねを作り、成形して焼く。

3 ご飯☆バーグ（P22）の1の要領で、照り焼き
ソースを作る。

4 丼にご飯を盛って2、1をのせ、3をかける。わ
さびマヨネーズの材料を混ぜ、ポリ袋の角
に入れて上部をねじって持ち、袋の角に楊
枝で穴をあけ、全体にかける。万能ねぎ、
ごま、のりをのせる。

生ハムとシャキシャキポテトチーズの
和風ハンバーグ

ハンバーグにポテトサラダをトッピング。
しょうゆベースのオニオンソースとの組み合わせが新鮮です。

材料（2人分）

基本のハンバーグの材料（P7）…全量
じゃがいも（メークイン）…½個

	塩…少々
	マヨネーズ…大さじ1
A	粒マスタード…大さじ½
	中濃ソース・砂糖…各小さじ½
	レモン汁…小さじ⅓

生ハム…2枚
レッドチェダーチーズ（スライス）…1枚
オニオンソース（P24）…全量
フライドオニオン・万能ねぎの小口切り…各適量
ケチャップスパゲッティ（P35）…全量
ピーマンソテー（P35）…全量

作り方

1 じゃがいもは皮をむいてせん切りにし、耐熱容器に入れて水大さじ1を加える。ラップをかけて600Wの電子レンジで40秒加熱する。水気をきって粗熱を取り、Aを加えてあえる。

2 基本のハンバーグ（P8〜9）の下準備、1〜9の要領で、肉だねを作り、成形して焼く。

3 耐熱の器に2を盛って1をのせ、半分に切った生ハムとレッドチェダーチーズを等分にのせ、バーナーでチーズをあぶる。オニオンソースをハンバーグの周りにかけ、フライドオニオン、万能ねぎを散らす。ケチャップスパゲッティ、ピーマンソテーを添える。

★バーナーがない場合は、ハンバーグにトッピングしたら、オーブンやオーブントースターでチーズが溶けるまで焼き、器に盛ってください。

かぼちゃグラタンのせハンバーグ

マッシュしたかぼちゃ、ホワイトソース、チーズをのせてグラタン風に。
ボリューミーでリッチな味わいです。

材料（2人分）

基本のハンバーグの材料（P7）…全量
かぼちゃ…¼個
塩・こしょう…各少々
マヨネーズ…10g
デミグラスソース（P13）…全量
ホワイトソース（缶詰）…60㎖
スライスチーズ（溶けるタイプ）…2枚
粉チーズ…適量
クリームチーズ…1個（16g）
イタリアンパセリのみじん切り…少々
にんじんグラッセ（下記）…4切れ
ほうれん草のソテー（下記）…全量

{にんじんグラッセ}
材料（2人分）と作り方：にんじん⅔本は半分に切って縦6等分に切り、面取りをする。鍋に水400㎖、砂糖大さじ1とともに入れて中火にかける。沸騰したら弱火にしてバター5gを加え、ふたをして10分煮る。ふたを取り、さらに5分煮る。

{ほうれん草のソテー}
材料（2人分）と作り方：ほうれん草½束をゆでて水にさらし、水気を絞って4等分に切る。フライパンにバター大さじ½を溶かし、ほうれん草を入れて中火で炒め、塩、こしょうで調味する。

作り方

1 かぼちゃは皮をむき、小さくカットして耐熱容器に入れ、ラップをかけて600Wの電子レンジで柔らかくなるまで2分ほど加熱する。細かくつぶし、塩、こしょう、マヨネーズを加えてあえる。

2 基本のハンバーグ（P8〜9）の下準備、1〜9の要領で、肉だねを作り、成形して焼く。

3 耐熱の器に2を盛って1をのせ、デミグラスソースをハンバーグの周りにかける。ホワイトソースを1の上からかけ、スライスチーズをのせて粉チーズをかける。にんじんグラッセ、ほうれん草のソテーを添える。

4 6等分に切ったクリームチーズをハンバーグの周りに並べ、バーナーであぶる。ハンバーグにのせたチーズもあぶり、イタリアンパセリをふる。

★バーナーがない場合は、ハンバーグにトッピングしたら、オーブンやオーブントースターでチーズが溶けるまで焼き、器に盛ってください（クリームチーズはあぶらずに盛る）。

生ハムと
シャキシャキポテトチーズの
和風ハンバーグ

かぼちゃグラタンのせ
ハンバーグ

お祝いや季節のイベントに！
特別な日のハンバーグ

誕生日や記念日などのおめでたい日や、ホームパーティーなど、人が集まるときに
腕まくりして作りたい、スペシャルなハンバーグを紹介します。

みんなの前で切り分ければ、盛り上がること間違いなし!

大きな記念日ハンバーグ

大きく焼いたハンバーグは抜群の存在感。
アボカドやトマト、生ハム、クリームチーズを彩りよく盛った
ケーキのようなハンバーグは、ハレの日のごちそうにぴったりです。

材料（3〜4人分）

肉だね（600g分）

　豚バラ薄切り肉…230g
　牛ひき肉…230g
　牛脂・ラード…各30g
　玉ねぎ…150g
　麩…15g
　牛乳…45㎖
　塩…小さじ½強

A　溶き卵…Mサイズ1個分
　　赤ワイン…大さじ1½
　　砂糖…小さじ½
　　黒こしょう・ナツメグパウダー…各適量

薄力粉…適量
赤ワイン…50㎖
デミグラスソース（P13）…全量
アボカド…½個
ミニトマト…適量
生ハム…4切れ
クリームチーズ…1個（16g）
サラダ油…大さじ1

作り方

1　基本のハンバーグ（P8）の下準備、1〜5の要領で肉だねを作り、楕円形にまとめ、表面をならして形を整える。焼く直前に、両面に薄力粉を薄くまぶす。

2　フライパンにサラダ油を中火で熱し、1を入れ、ふたをして焼く。焼き色がついたら火を止めてふたを取り、皿をかぶせてひっくり返し、ハンバーグを皿に移す。焼いた面を上にしてフライパンに戻し、赤ワインを加えてふたをする。焼き色がついてきたら弱火にし、20分蒸し焼きにする（焦げそうになったら、水を30㎖ほど加えながら焼く）。

3　アボカドは種と皮を取り、3㎜ほどの厚さに切る。ミニトマトはへたを取ってくし形に切る。器に2を盛り、アボカド、ミニトマト、生ハムをハンバーグの上に飾る。

★ソースを先にハンバーグにかけると、具材がすべってのせにくいので、具材から盛ります。

4　ハンバーグの周りにデミグラスソースをかけ、好みの大きさに切ったクリームチーズを並べる。

«Point»

大きくて厚みのあるハンバーグ。火が通りやすいよう、蒸し焼きにします。

片面を焼いたら、フライパンよりひと回り大きな皿をかぶせて裏返し、皿に移します。ハンバーグは柔らかいので、形がくずれないように注意しながら戻し入れます。

大人もお子さまランチ

大人にうれしい、お子さまランチ。
リッチな味わいのハンバーグをミニサイズで2種と、チキンの竜田揚げ、ポテト、
スパゲッティを盛り合わせました。目にもおいしい、心躍るひと皿です。

材料（2人分）
肉だね（480g分）《豚バラ薄切り肉・牛ひき肉…各
　　180g　牛脂・ラード…各30g　玉ねぎ…120g
　　麩…12g　牛乳…35mℓ　塩…小さじ1弱　A〈溶
　　き卵…Mサイズ½個分　赤ワイン…小さじ1½
　　砂糖…少々　黒こしょう・ナツメグパウダー…各
　　少々〉》
薄力粉…適量
赤ワイン…30mℓ
デミグラスソース（P13）…半量
トマトガーリックソース《にんにくのみじん切り…1片
　　分　玉ねぎのみじん切り…⅙個分　トマト水煮缶
　　（カットタイプ）…¼缶（100g）　A〈トマトケチャッ
　　プ…大さじ1　酒・みりん…各大さじ½　砂糖…
　　小さじ¼　顆粒コンソメスープの素…大さじ½〉
　　こしょう…適量　オリーブ油…大さじ1》
スパゲッティ…20g
チキンの竜田揚げ《鶏もも肉…1枚　漬けだれ〈しょ
　　うゆ…大さじ1　酒・酢…各大さじ½　塩麹…小
　　さじ1　しょうがのすりおろし・おろしにんにく…
　　各½片分〉　片栗粉…大さじ2》
スライスチーズ（溶けるタイプ）…1枚
マスカルポーネチーズ…小さじ2
細切りポテトフライ（P15）…全量
ご飯…2人分
黒炒りごま…少々
イタリアンパセリのみじん切り…少々
クレソン…2枝
ミニトマト…1個
サラダ油…適量
揚げ油…適量

作り方

1　基本のハンバーグ（P8〜9）の下準備、1〜5の
　　要領で肉だねを作り、4等分にして小判形にまと
　　め、表面をならして形を整える。焼く直前に、
　　両面に薄力粉を薄くまぶし、8〜9の要領で、サ
　　ラダ油大さじ1を熱したフライパンで焼き色をつ
　　けたら赤ワインを入れ、蒸し焼きにする。

2　トマトガーリックソースのハンバーグ（P68）の1
　　の要領で、トマトガーリックソースを作る。スパ
　　ゲッティはゆでてサラダ油小さじ1をからめる。

3　チキンの竜田揚げを作る。漬けだれの材料を
　　混ぜ合わせ、半分に切った鶏肉を30分ほど漬
　　ける。片栗粉をまぶし、170℃の揚げ油で4〜5
　　分揚げる。細切りポテトもこのタイミングで揚
　　げる。

4　器にご飯を型で抜いて盛り、ごまをふる。3、ス
　　パゲッティを盛り、1を並べる。

5　片方のハンバーグにスライスチーズを半分に切
　　ってのせ、2のソースをかけ、イタリアンパセリ
　　をふる。もう一方のハンバーグにデミグラスソ
　　ースをかけ、マスカルポーネチーズをのせる。
　　クレソン、へたを取って半分に切ったミニトマト
　　を添える。

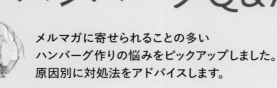

お悩み解決！ハンバーグ Q&A

column

メルマガに寄せられることの多い
ハンバーグ作りの悩みをピックアップしました。
原因別に対処法をアドバイスします。

・Q1
ハンバーグが生焼けになってしまいました

A1

【原因1】焼くときの火力が強い
強火で焼くと、中まで火が通らないうちに外側が
焦げてしまいます。焼き色がついたら、水分を足し
てふたをし、弱火でじっくりと蒸し焼きにしましょう。

【原因2】ハンバーグが肉厚
両面を焼いたら、表になる面を再度焼くことで
生焼けの防止に。また、肉だねを成形する際、
中央をくぼませることでも、生焼けを防げます。

**【原因3】火が通っているかどうか、
確認していない**
ハンバーグが焼けたら、箸で表面を軽く押し、肉
汁の色を確認しましょう。押したときに弾力があ
り、肉汁が透明ならOK。心配なら、ハンバーグ
を耐熱皿に移してラップをふんわりとかけ、600W
の電子レンジで20〜40秒加熱してください。

・Q2
ハンバーグがかたい…。なぜ？

A2

【原因1】表面を焼きすぎている
加熱時間は最小限に。表面に焼き色がついたら
水分を足し、弱火で蒸し焼きにしてください。

【原因2】肉汁が流れ出ている
焼いている間に肉汁がたくさん出ている場合は、
つなぎを足してハンバーグのうまみを逃さないよ
うにしましょう。

【原因3】脂の少ない部位を使っている
赤身など脂の少ない部位を使用しているなら、
牛脂を足してください。なければ、マヨネーズを
加えてもOK（ハンバーグ1個につき小さじ1が目
安）。または、バラ肉など脂の多い部位を使って
ください。

Topic

あなたも研究員の一員になりませんか？
『榎本HAMBURG STUDIO』始動！

「『榎本HAMBURG STUDIO』では、あなたを榎本ハンバー
グ研究所の研究員として迎え入れ、ハンバーグのイノベーショ
ンを加速させる特別なプロジェクトを実施中です。
来店回数に応じて進化するデジタル研究員カード（NFT）を
手に入れることで研究員になることができ、研究員のランク

に応じて新メニュー開発への参加や試食、特別メニューの提
供など、様々な特典があなたを待っています。
さらに、ハンバーグ愛好者が集まるオンラインコミュニティは、
研究員でなくても参加可能。
ハンバーグに情熱を注ぐ仲間たちと交流し、
ともに新たなハンバーグカルチャーを築き上
げていきましょう！」
プロジェクト詳細／参加方法はこちらのQR
コードから。

·Q3
パサパサしておいしくない。ジューシーに仕上げるコツは?

A3

【原因1】割れて肉汁が出ている
焼く直前に、ハンバーグ全体に薄力粉を薄くまぶすのがポイント。表面がコーティングされ、肉汁を閉じ込めてくれます。

【原因2】表面の焼きが足りない
表面の焼きが甘いと脂が溶け出します。両面とも焼き色がつくまで中火でしっかり焼きましょう。

【原因3】ひき肉の脂の割合が少ない。
脂が足りないとパサパサした食感に。飲食店では、ひき肉に牛脂をひいたものを混ぜてジューシー感を出しています。Q2の【原因3】と同様に、牛脂かマヨネーズを足してください。

【原因4】焼き時間が長い
両面に焼き色をつけたら、水分を加えて弱火で蒸し焼きにし、最短時間で中まで火を通しましょう。

**【原因5】焼き上がったあとの
放置時間が長い**
せっかくジューシーに焼き上がっても、時間の経過とともに肉汁は徐々に流出しています。手早く盛りつけ、あつあつのうちに食べましょう。

·Q4
焼いている途中で割れてしまいました

A4

【原因1】肉だねをしっかりこねていない
割れにくくするため、まず、ひき肉に塩のみを加えて混ぜることが大切です。肉のたんぱく質・ミオシンが溶けて網目構造になることで、肉だねに粘りが出て、保水性も向上。割れにくく、肉汁が出にくいハンバーグになります。

【原因2】炒め玉ねぎを熱いまま加えている
粗熱を取り、冷蔵庫(急ぐときは冷凍庫)でしっかり冷やしてから肉だねに加えてください。

【原因3】生の玉ねぎが大きすぎる
玉ねぎを生のまま使用する場合、玉ねぎが大きすぎると亀裂が入ることがあるので、できるだけ小さいみじん切りにするのが理想です(炒めた玉ねぎを使う場合は、加熱されて柔らかくなっているので心配ありません)。

【原因4】つなぎが少ない
何度か作って様子を見ながら、少しずつつなぎを増やしてみてください。

**【原因5】たねの脂が溶け出し、
テカテカになっている**
肉だねの材料は直前まで冷蔵庫で冷やし、手で肉に触れる時間は極力短くして素早く混ぜるのが基本。夏場など、肉だねがだれてテカテカになってきたら、ボウルの下に氷水をはるのが有効。または、いったん冷蔵庫に入れると生地が落ち着きます。成形時も、手の温度がたねに伝わるため、手早く行いましょう。

【原因6】成形が雑
成形した時点で肉だねに亀裂やヒビがあると、そこから割れてしまいます。成形の際、表面をなめらかにしてください。

**【原因7】焼いているうちに
中央がふくらんで亀裂が入る**
両面を焼いたら、表になる面を再度焼いてください。または、焼く前に肉だねの中央をくぼませてください。

**【原因8】裏返すタイミングが早い、
裏返し方が雑**
表面が十分焼けていないうちに裏返すと、割れる場合があります。しっかり焼き色がついてから返してください。フライパンのふちに沿って、すべらせるように裏返すとうまくいきます。必要以上に何度も返さないこともポイントです。

PART 3

毎日食べたい!

★★★

普段着のハンバーグ

私が目指しているのは、やさしい味の、
毎日食べても飽きないハンバーグ。
どんなソースやトッピングも受け止める
懐の深いハンバーグです。
PART 3では、ご飯がすすむハンバーグ、
和テイストのハンバーグなど、
普段の料理作りに役立つレシピを紹介します。

〔ご飯がすすむハンバーグ〕

スパイシーなソースやトッピングを合わせたハンバーグ、
しっかり味のハンバーグなど、白いご飯に合うメニューをラインナップ。

トマトガーリックソースの
ハンバーグ （作り方はP68）

にんにくたっぷりのジューシーなトマトソースは
ハンバーグと相性抜群。ご飯と交互に食べたくなる味です。

カレークリームソースの
ハンバーグ（作り方はP68）

マイルドなカレー味のソース。ハンバーグをのせた
ご飯にかけてワンプレートにすれば、目先が変わります。

シャキシャキ！にんじん チリチリハンバーグ（作り方はP69）

ポテトチップス入りのにんじんサラダをトッピング。
スパイシー＆濃厚ソースでご飯がもりもり食べられます。

ラー油ソース
ハンバーグ（作り方はP69）

しょうゆベースのラー油ソースはしょうがが入っているので
意外とさっぱりした味。ご飯がすすむお気に入りの一品です。

トマトガーリックソースのハンバーグ

材料（2人分）
基本のハンバーグの材料（P7）全量　トマトガーリックソース《にんにくのみじん切り2片分　玉ねぎのみじん切り⅓個分　トマト水煮缶（カットタイプ）½缶（200g）　A〈トマトケチャップ大さじ2　酒・みりん各大さじ1　砂糖小さじ½　顆粒コンソメスープの素大さじ1〉　こしょう適量　オリーブ油大さじ2》　イタリアンパセリ適量

作り方

1　トマトガーリックソースを作る。フライパンにオリーブ油を中火で熱し、にんにく、玉ねぎを入れて炒める。トマト水煮、Aを加えて軽く煮つめ、こしょうで味を調える。

2　基本のハンバーグ（P8〜9）の下準備、1〜9の要領で、肉だねを作り、成形して焼く。

3　器に2を盛って1をかける。イタリアンパセリは少量をみじん切りにしてハンバーグにかけ、残りを添える。

カレークリームソースのハンバーグ

材料（2人分）
基本のハンバーグの材料（P7）全量　じゃがいも（メークイン）1個　玉ねぎ½個　にんじん¼本　マッシュルーム4個　白ワイン大さじ4　A《生クリーム200㎖　牛乳100㎖》　カレールウ1片　顆粒コンソメスープの素小さじ½　黒こしょう小さじ⅓　オリーブ油大さじ1　イタリアンパセリのみじん切り適量　ご飯2人分

作り方

1　じゃがいもは皮をむいて1cm角に切り、耐熱ボウルに入れてラップをかけ、600Wの電子レンジで柔らかくなるまで3分加熱する。玉ねぎ、にんじんは粗みじん切りにし、マッシュルームは薄切りにする。

2　フライパンにオリーブ油を中火で熱し、玉ねぎ、にんじんを入れて炒める。マッシュルーム、白ワインを加えてアルコール分をとばし、Aを加える。

3　温まったら火を止め、ルウを入れて溶かし、スープの素、じゃがいもを加えて弱火で軽く煮込み、こしょうをふる。

4　基本のハンバーグ（P8〜9）の下準備、1〜9の要領で、肉だねを作り、成形して焼く。ご飯を盛った器にのせて3をかけ、イタリアンパセリを散らす。

シャキシャキ! にんじん
チリチリハンバーグ

材料（2人分）

基本のハンバーグの材料（P7）全量　にんじん
5cm　ポテトチップス（細切りタイプ・チリ味）適量
マヨネーズ大さじ2　照り焼きソース《しょうゆ大
さじ2　みりん・白ワイン各大さじ4　はちみつ小
さじ4　酢小さじ1　片栗粉小さじ1　水小さじ1》
万能ねぎの小口切り・フライドオニオン・ベビー
リーフ各適量

作り方

1 にんじんはせん切りにしてボウルに入れ、同
量のポテトチップスを加え、マヨネーズでざ
っくりあえる。

2 ご飯☆バーグ（P22）の1の要領で、照り焼き
ソースを作る。

3 基本のハンバーグ（P8〜9）の下準備、1〜9
の要領で、肉だねを作り、成形して焼く。器
に盛って2をかけ、1をハンバーグにのせる。
万能ねぎ、フライドオニオンを散らし、ベビ
ーリーフを添える。

ラー油ソースハンバーグ

材料（2人分）

基本のハンバーグの材料（P7）全量　ラー油ソー
ス《しょうがのみじん切り25g　玉ねぎのみじん切
り15g　A〈しょうゆ・酒・みりん各25mℓ　ポン酢
しょうゆ大さじ1　レモン汁・はちみつ各大さじ½〉
ラー油大さじ1½　黒こしょう少々　フライドオニ
オン、フライドガーリック各適量　サラダ油小さ
じ1》　万能ねぎの小口切り・パセリ各適量　白炒
りごま少々

作り方

1 ラー油ソースを作る。鍋にサラダ油を中火で
熱し、しょうが、玉ねぎを入れて炒める。薄
く色づいたら、Aを加えて軽く煮つめる。

2 火を止め、ラー油、こしょう、フライドオニ
オン、フライドガーリックを加える。

3 基本のハンバーグ（P8〜9）の下準備、1〜9
の要領で、肉だねを作り、成形して焼く。器
に盛って2をかけ、万能ねぎ、ごまを散らし、
パセリを添える。

〔和テイストのハンバーグ〕

ハンバーグは洋食の代表格ですが、みそや豆腐など和の食材ともよく合います。
卵かけご飯のアレンジや、しるばーぐ®のバリエもあわせて紹介します。

デミみそソースの
ハンバーグ （作り方はP74）

デミグラスソースにみそを加えると、味に深みが増し、
どこか懐かしい味わいのハンバーグに。

照り焼きマヨバーガー（作り方はP74）

照り焼きソース＋特製マヨソースは最強の組み合わせ。
ハンバーグとバンズにからみ、あとを引くおいしさです。

究極の卵かけハンバーグご飯 （作り方はP75）

卵かけご飯にボリューミーなハンバーグをプラス。
肉汁としょうゆ、卵がからんだご飯が最高です。

長いもと豆腐の
タルタルソースハンバーグ（作り方はP75）

長いもの食感が楽しい、かろやかなタルタルソース。
甘酢ソースとダブルでかけて、おいしさを増強！

デミみそソースのハンバーグ

材料（2人分）

基本のハンバーグの材料（P7）全量　デミグラスソース《赤ワイン大さじ1　デミグラスソース（缶詰）60㎖　トマトケチャップ大さじ½　砂糖小さじ½　A《酒・トマトケチャップ・はちみつ各小さじ1　しょうゆ小さじ⅓》　みそ小さじ1　塩・こしょう各適量　マッシュポテト（下記）全量　ミニトマト3個　イタリアンパセリのみじん切り少々

{マッシュポテト}
材料（2人分）と作り方：じゃがいも（メークイン）2個は皮をむいてゆで、ボウルに入れてつぶす。耐熱容器にバター10g、牛乳50㎖を入れ、600Wの電子レンジで40秒加熱し、ボウルに加えて混ぜる。塩、こしょうで味を調える。

作り方

1 基本のハンバーグ（P8〜9）の下準備、1〜9の要領で、肉だねを作り、成形して焼く。

2 ハンバーグを取り出し、13ページの要領でデミグラスソースを作る。

3 2にAを加え、みそは大さじ1の湯で溶いて加える。弱火で温め、塩、こしょうで味を調える。

4 器に1を盛って3をかけ、マッシュポテト、へたを取って半分に切ったミニトマトを添える。ポテトにイタリアンパセリをふる。

«Point»

みそは湯で溶いてから加えると、ムラのない味わいに。

照り焼きマヨバーガー

材料（2人分）

基本のハンバーグの材料（P7）全量　照り焼きソース《しょうゆ大さじ1　みりん・白ワイン各大さじ2　はちみつ小さじ2　酢小さじ½　片栗粉小さじ½　水小さじ½》　マヨソース《マヨネーズ大さじ2　粒マスタード大さじ1　おろしにんにく½片分　中濃ソース小さじ1　砂糖・レモン汁各小さじ½》　サニーレタス適量　玉ねぎの薄切り適量　トマト（1cm幅の輪切り）2枚　バンズ2個

作り方

1 基本のハンバーグ（P8〜9）の下準備、1〜9の要領で、肉だねを作り、成形して焼く。

2 ご飯☆バーグ（P22）の1の要領で、照り焼きソースを作る。マヨソースの材料は混ぜ合わせる。

3 バンズを半分の厚さに切り、サニーレタス、玉ねぎ、トマト、1を順にのせる。照り焼きソースをかけ、マヨソースをかける。

究極の卵かけハンバーグご飯

材料（2人分）
基本のハンバーグの材料（P7）全量　刻みのり・削りがつお・九条ねぎの小口切り各適量　卵2個　しょうゆ適量　ご飯2人分

作り方
1 基本のハンバーグ（P8～9）の下準備、1～9の要領で、肉だねを作り、成形して焼く。
2 丼にご飯を盛って1をのせ、のり、削りがつお、九条ねぎをのせる。卵を割り入れ、しょうゆをかける。

★しょうゆは甘すぎず、主張しないものが○。濃厚でうまみの強い「五郎兵衛醤油」がお気に入りです。

長いもと豆腐の
タルタルソースハンバーグ

材料（2人分）
基本のハンバーグの材料（P7）全量　長いも2cm　ゆで卵1/2個　玉ねぎのみじん切り10g　木綿豆腐50g　A《マヨネーズ50ml　昆布茶・レモン汁各小さじ1/2　塩・こしょう各少々》　甘酢ソース《B〈しょうゆ大さじ1・1/2　米酢・みりん・砂糖各大さじ1　水50ml〉　片栗粉小さじ1　ごま油少々》　イタリアンパセリのみじん切り少々　クレソン適量　ミニトマト4個

作り方
1 長いもは皮をむき、5mm角に切る。ゆで卵は細かく刻む。玉ねぎは水にさらし、水気を絞る。
2 豆腐は600Wの電子レンジで3分加熱し、水気をきる。ボウルに入れて細かくつぶし、Aを混ぜ、1を加えてさらに混ぜる。
3 甘酢ソースを作る。鍋でBを加熱し、同量の水で溶いた片栗粉を加えてとろみをつけ、ごま油を加える。
4 基本のハンバーグ（P8～9）の下準備、1～9の要領で、肉だねを作り、成形して焼く。器に盛って3、2を順にかけ、イタリアンパセリを散らす。クレソン、ミニトマトを添える。

豆腐と野菜のハンバーグ

肉だねに豆腐とにんじん、にらをミックスしたヘルシーなハンバーグ。
和風おろしソースでさっぱりといただきます。

材料（2人分）

肉だね《合いびき肉150g　玉ねぎ70g　にら20
g　にんじん30g　絹ごし豆腐150g　塩少々　A
〈溶き卵Mサイズ1個分　麩10g　こしょう・ナツ
メグパウダー各少々〉》　薄力粉適量　赤ワイン
（なければ水）30㎖　サラダ油小さじ2　和風お
ろしソース《大根おろし大さじ2　しょうゆ大さじ1
水・みりん・酒各大さじ1½　酢小さじ²⁄₃　白ワイ
ン大さじ²⁄₃　黒こしょう適量》　ミニトマト4個
パセリ適量

下準備：

・麩はおろし金で細かくすりおろす。豆腐は600Wの電
　子レンジで1分加熱し、水気をきっておく。
・玉ねぎ、にら、にんじん以外の肉だねの材料は、使う
　直前まで冷蔵庫で冷やしておく。

作り方

1　玉ねぎは細かいみじん切りにし、軽く水気を
　　絞る。にら、にんじんも細かいみじん切りに
　　し、玉ねぎとともに耐熱ボウルに入れ、600
　　Wの電子レンジで1分加熱して冷ます。

2　ボウルにひき肉、塩を入れ、粘りが出るま
　　でよく練り混ぜる。1、豆腐、Aを入れ、手早
　　く混ぜる。2等分にして小判形にまとめ、表面
　　をならして形を整える。

3　焼く直前に、2の両面に薄力粉を薄くまぶす。
　　基本のハンバーグ（P9）の8～9の要領で、
　　サラダ油を熱したフライパンで焼き、赤ワイ
　　ンを加えて蒸し焼きにする。

4　大葉とおろしの和風ハンバーグ（P20）の1の
　　要領で、和風おろしソースを作る。器に盛っ
　　た3にかけ、ミニトマト、パセリを添える。

みそのしるばーぐ®

ハンバーグ丼に、中華の調味料や香味野菜を使った
ふくよかなうまみのみそスープを添えて。

材料（2人分）

基本のハンバーグの材料（P7）全量　みそスープ
《みそ大さじ3　みりん大さじ2　しょうゆ・オイス
ターソース・かつお粉各大さじ1　しょうがのすり
おろし・おろしにんにく各小さじ2　顆粒鶏ガラ
スープの素・中華だし（ペースト）・ごま油各小さじ
1　ラー油小さじ4　一味唐辛子少々　水460㎖》
白菜・にら・万能ねぎの小口切り各適量　もやし
⅓袋　塩・こしょう・白炒りごま各少々　味つき卵
（下記）1〜2個　サラダ油小さじ½　ご飯2人分

★味つき卵は、殻をむいた半熟卵2個とめんつゆ（4倍濃縮タ
　イプ）200㎖をポリ袋に入れ、空気を抜いて口を結び、1日
　漬けたものを使用。

作り方

1 鍋にみそスープの材料を入れ、温めておく。

2 フライパンにサラダ油を中火で熱し、もや
　し、3cm幅に切ったにらを炒め、塩、こしょう
　をふる。

3 基本のハンバーグ（P8〜9）の下準備、1〜9
　の要領で、肉だねを作り、成形して焼く。ハ
　ンバーグが焼き上がるタイミングで、1に一口
　大に切った白菜を入れて軽く煮、器に盛る。

4 丼にご飯を盛り、2、半分に切った卵、ハン
　バーグをのせ、万能ねぎ、ごまをふる。

肉汁たっぷりのハンバーグ＆ご
飯が、うまみ豊かなスープを
含み、新次元のおいしさ。味
も楽しさも倍増です。

〔季節のハンバーグ〕

旬の食材を取り入れた、四季を感じるハンバーグレシピです。生地に混ぜたり、
ソースやトッピングに利用したりすれば、メニューの幅が広がります。

桜えびとたけのこのハンバーグ

たけのこの歯ざわりが楽しく、桜えびの香りが鼻をくすぐります。
にら入りの酢じょうゆでどうぞ。

材料（2人分）

肉だね
　合いびき肉…200g
　塩…少々
　麩…5g
　A｜ 玉ねぎのみじん切り…100g　たけのこ（水煮）のみじん切り…35g　桜えび…7g　塩麹…大さじ⅓　溶き卵…Mサイズ½個分　片栗粉…大さじ2　こしょう…少々

薄力粉…適量
サラダ油…大さじ1
にら・クレソン…各適量
酢・しょうゆ…各大さじ2

下準備：
・麩はおろし金で細かくすりおろす。
・肉だねの材料は使う直前まで冷蔵庫で冷やしておく。

作り方

1　ボウルにひき肉、塩を入れ、粘りが出るまでよく練り混ぜる。A、麩を入れて手早く混ぜる。2等分にして小判形にまとめ、表面をならして形を整える。

2　焼く直前に、1の両面に薄力粉を薄くまぶす。サラダ油を中火で熱したフライパンで焼き、焼き色がついたら裏返し、水50mlを入れてふたをする。火を弱めて5〜6分加熱し、ふくらんできたら裏返す。再度ふたをして弱火で2分ほど蒸し焼きにし、中まで火を通す。

3　にらは1cm幅に切り、酢、しょうゆと合わせて耐熱容器に入れ、600Wの電子レンジで20秒加熱する。2を盛った器に添え、クレソンを添える。

大葉とねぎの甘酢ソースハンバーグ

甘酢ソース+香味野菜をたっぷりトッピング。
清涼感のあるハンバーグです。

材料（2人分）

基本のハンバーグの材料（P7）…全量
甘酢ソース
- A | しょうゆ…大さじ1½
- | 米酢・みりん・砂糖…各大さじ1
- | 水…50mℓ
- 片栗粉…小さじ1
- ごま油…少々
長ねぎ（白い部分）のせん切り…適量
みょうがのせん切り…少々
青じそのせん切り…2枚分
イタリアンパセリ…適量

作り方

1 基本のハンバーグ（P8〜9）の下準備、1〜9
の要領で、肉だねを作り、成形して焼く。

2 甘酢ソースを作る。鍋でAを加熱し、同量
の水で溶いた片栗粉を加えてとろみをつけ、
ごま油を加える。

3 器に1を盛って2をかけ、長ねぎ、みょうが、
青じそをのせる。イタリアンパセリを添える。

甘栗ときのこのしょうゆクリームハンバーグ

甘栗、きのこのコンビで秋を感じるハンバーグ。
クリームソースは、隠し味のしょうゆでコクうまに。

材料（2人分）

基本のハンバーグの材料（P7）…全量
マッシュルーム…3個
しめじ…40g
甘栗…6個

A
- 生クリーム…200㎖
- しょうゆ…小さじ1
- めんつゆ（4倍濃縮タイプ）…大さじ1
- 砂糖…小さじ⅓

オリーブ油…大さじ1
マッシュポテト（P74）…全量
イタリアンパセリ…適量

作り方

1 マッシュルームは薄切りにし、しめじは石づきを取って小房に分ける。甘栗は砕く。

2 フライパンにオリーブ油を中火で熱し、きのこを入れて炒める。油がまわったら火を止め、甘栗とAを加え、弱火にかけて軽く煮つめる。

3 基本のハンバーグ（P8〜9）の下準備、1〜9の要領で、肉だねを作り、成形して焼く。器に盛って2をかけ、マッシュポテト、イタリアンパセリを添える。

田舎風れんこんハンバーグ

トップの表情がかわいらしいハンバーグ。
れんこんがはがれないよう片栗粉をまぶして焼くのがコツです。

材料（2人分）

れんこん…適量

肉だね

　合いびき肉…250g

　塩…少々

　麸…5g

　A　長ねぎのみじん切り…50g　青じそのみじ
　　ん切り…2枚分　みそ…大さじ1　砂糖…大
　　さじ½　こしょう…少々　しょうがのすりお
　　ろし…小さじ1　溶き卵…Mサイズ½個分

片栗粉…適量

サラダ油…大さじ1

キャベツのせん切り・貝割れ菜・和辛子・しょうゆ
　…各適量

トマトのくし形切り…4切れ

下準備：

・麸はおろし金で細かくすりおろす。

・肉だねの材料は使う直前まで冷蔵庫で冷やしておく。

作り方

1　れんこんは皮をむき、7mm幅に切ったものを4
　枚用意する。水にさらして水気をきる。

2　ボウルにひき肉、塩を入れ、粘りが出るま
　でよく練り混ぜる。A、麸を入れ、手早く混
　ぜる。2等分にして小判形にまとめ、表面をな
　らして形を整え、れんこんを2枚ずつ貼りつ
　ける。

3　焼く直前に、2の両面に片栗粉を薄くまぶす。
　フライパンにサラダ油を中火で熱し、れんこ
　んの面を下にして焼く。焼き色がついたら裏
　返し、水50mℓを加えてふたをする。火を弱
　めて5～6分加熱し、ふくらんできたら裏返
　す。再度ふたをして弱火で2分ほど蒸し焼き
　にし、中まで火を通す。

4　器に盛り、キャベツ、根を切った貝割れ菜、
　トマト、和辛子を添え、しょうゆをかける。

ハンバーグのたねで簡単アレンジ

ハンバーグだねを揚げものやソースに活用するのもおすすめです。いつものメニューもさらにおいしく作れます。

材料（5個分）

基本のハンバーグの
　肉だねの材料（P7）…全量
薄力粉・パン粉…各適量
卵…1個
キャベツのせん切り・貝割れ菜
　…各適量
中濃ソース…適量
揚げ油…適量

作り方

1 基本のハンバーグ（P8）の下準備、1〜5の要領で肉だねを作る。5等分にし、ボール状に成形する。

2 1に薄力粉をまぶし、溶きほぐした卵にくぐらせ、パン粉をつける。

3 170℃の揚げ油で4〜5分揚げ、中まで火を通す。

4 器にキャベツを敷き、3を並べ、根を切った貝割れ菜をのせる。食べるときに中濃ソースをかける。

おつまみハンバーグメンチ

衣はサクサク、中は肉汁たっぷりでジューシー。
ご飯にもお酒にも合う一品です。

材料（約580mℓ分）

基本のハンバーグの
　肉だねの材料（P7）…全量
デミグラスソース
　赤ワイン…大さじ3
　デミグラスソース（缶詰）
　　…180mℓ
　トマトケチャップ…大さじ1½
　砂糖…小さじ1½
にんにくのみじん切り…2片分
オリーブ油…大さじ2

作り方

1　基本のハンバーグ（P8）の
　　下準備、1〜5の要領で肉だ
　　ねを作る。

2　デミグラスソースの材料を
　　混ぜ合わせておく。

3　フライパンにオリーブ油を熱
　　し、にんにくを入れて弱火
　　で炒める。香りがしてきた
　　ら、1を入れて中火で炒める
　　（肉だねは細かくくずさず、
　　ごろごろとした状態でしっか
　　りと焼き色をつける）。

4　2を加えて全体になじませ、
　　軽く煮つめる。

　★スパゲッティ2人分（160〜200g）
　　をゆでて湯をきり、器に盛って4
　　をかけ、イタリアンパセリのみじ
　　ん切り適量を散らします。

ボロネーゼソース

ごろっと存在感のあるひき肉入りでうまみ豊か。
めんやグラタンなどに利用を。

«Point»

肉だねはフライパンに広げ、あまり触らずに焼きつけるのがポイント。かき混ぜず
に焼いて裏返し、両面にしっかり焼き色をつけてからソースを加えます。

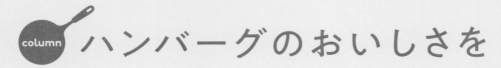

ハンバーグのおいしさを

メインのハンバーグと味のバランスのよいサイドメニューを紹介します。

ポテトサラダ

ハンバーグとポテサラは誰もが好きな組み合わせ。

材料（2人分）
じゃがいも（メークイン）2個　にんじん¼本　玉ねぎの薄切り¼個分　きゅうり½本　塩適量　A《塩・こしょう各少々　酢大さじ½》　ハム1枚　ゆで卵1個　マヨネーズ大さじ4　サニーレタス・イタリアンパセリのみじん切り各少々

作り方
1 じゃがいもは皮をつけたままゆで、熱いうちに皮をむいて粗くつぶす。にんじんは薄いいちょう切りにしてゆでる。玉ねぎは水にさらして水気を絞る。きゅうりは薄切りにして塩もみし、水気を絞る。
2 ボウルに1とAを入れてあえる。
3 ハムは1cm四方に切り、ゆで卵、マヨネーズとともに2に加え、混ぜ合わせる。サニーレタスを敷いた器に盛り、イタリアンパセリをふる。

豆腐のカプレーゼ

ヘルシーな豆腐のサラダを添えてさっぱりと。

材料（2人分）
絹ごし豆腐1丁　トマトのくし形切り4切れ　トマト（7㎜角に切ったもの）適量　バジルソース（下記）大さじ4　オリーブ油・イタリアンパセリ各適量

作り方
1 豆腐は水切りをし、食べやすい大きさに切って器に盛る。
2 豆腐にトマトを盛り、バジルソースとオリーブ油をかけ、イタリアンパセリを添える。

{バジルソース}
材料（100㎖分）と作り方：❶松の実20g、むきくるみ7gはフライパンでから焼きし、粗熱を取る。❷ミキサーにバジル15gをちぎって入れ、❶とにんにくのみじん切り½片分、塩、こしょう各適量、エクストラバージンオリーブ油70㎖を入れてペースト状になるまで撹拌する。粉チーズ15gを加え、なめらかになるまでさらに撹拌する。塩、こしょうで味を調える。

引き立てるサイドディッシュ

いずれも、野菜を使った作りやすいレシピです。

なすのアラビアータ

ジューシーななすにピリ辛ソースをからめて。

材料（2人分）

なす2～3本　にんにくのみじん切り1片分　赤唐辛子の小口切り1本分　トマトガーリックソース《にんにくのみじん切り4片分　玉ねぎのみじん切り⅔個分　トマト水煮缶（カットタイプ）1缶（400g）　A〈トマトケチャップ大さじ4　酒・みりん各大さじ2　砂糖小さじ1　顆粒コンソメスープの素大さじ2〉こしょう適量　オリーブ油大さじ4》　オリーブ油大さじ3　イタリアンパセリのみじん切り適量

作り方

1　トマトガーリックソースのハンバーグ（P68）の1の要領で、トマトガーリックソースを作る。

2　なすはへたを取り、四つ割りにする。フライパンにオリーブ油、にんにく、赤唐辛子を弱火で熱し、香りがしてきたらなすを入れ、弱火で揚げ焼きにする。1を加え、全体になじませる。器に盛り、イタリアンパセリを散らす。

えびとブロッコリーの
ガーリックソテー

ぷりっとしたえびの食感、にんにくの香りが◎。

材料（2人分）

ブロッコリー1株　ミニトマト3個　むきえび10尾　片栗粉大さじ1　にんにくのみじん切り½片分　赤唐辛子の小口切り・こしょう・シーズニングスパイス各適量　オリーブ油大さじ2

作り方

1　ブロッコリーは小房に分けてゆでる。ミニトマトはへたを取って半分に切る。えびは片栗粉をまぶす。

2　フライパンにオリーブ油、にんにく、赤唐辛子を入れて中火で熱し、香りがしてきたら、えびを入れ、両面に焼き色をつける。1の野菜を加えて炒め、こしょう、シーズニングスパイスをふる。

column 外国の料理を榎研流に！ 旅するハンバーグレシピ

海外の人気料理をイメージし、そのエッセンスを取り入れた
アレンジハンバーグを紹介します。
家庭で作って、旅気分を味わってみてください。

チュモッパご飯としょうがソースのハンバーグ

チュモッパとは韓国の家庭料理で、ご飯に漬けものや野菜、
韓国のりなどを混ぜて一口大に丸めたおにぎりです。
ここでは手軽に、混ぜご飯のままハンバーグに合わせ、
さわやかなジンジャーソースでいただきます。
たくあんの食感が小気味よく、ハンバーグとの相性も◎。

材料（2人分）

基本のハンバーグの材料（P7）…全量

A
- たくあんのみじん切り…10g
- 韓国のり（フレークタイプ）…10g
- にんじん・キャベツのみじん切り…各20g
- マヨネーズ…大さじ1
- 塩…少々
- ごま油…小さじ½

- ほうれん草…⅓束
- 塩…少々
- ごま油…小さじ½

なす…1本

しょうがソース
- 玉ねぎのみじん切り…大さじ1
- しょうがのみじん切り・しょうゆ・みりん・酒
  …各大さじ2
- 酢・サラダ油…各小さじ1

万能ねぎ・白炒りごま・フライドオニオン…各適量

ご飯…420g

揚げ油…適量

作り方

1 基本のハンバーグ（P8〜9）の下準備、1〜9の
要領で、肉だねを作り、成形して焼く。

2 ボウルにご飯、Aを入れて混ぜ合わせる。

3 ほうれん草はゆでて水にさらし、水気を絞って
食べやすい長さに切る。塩、ごま油で味を調
える。なすはへたを取って四つ割りにし、170
℃の揚げ油で揚げる。

4 夏越ハンバーグ（P52）の1の要領で、しょうが
ソースを作る。

5 器に2と1を盛り、3を添え、4をハンバーグにか
ける。万能ねぎ、ごま、フライドオニオンをの
せる。

なすと長いものピリ辛チーズハンバーグ

人気の韓国料理、タッカルビ風にアレンジしたハンバーグ。
コチュジャン漬けにしたシャキシャキの長いも、とろとろの揚げなす、
チーズハンバーグが一体となり、口の中で溶け合います。

材料（2人分）

基本のハンバーグの材料（P7）…全量
長いも…5cm

A
塩昆布…一つまみ
おろしにんにく・しょうがのすりおろし・酢
　…各小さじ½
コチュジャン…大さじ2
ごま油…大さじ1
しょうゆ・一味唐辛子…各小さじ1
白炒りごま…小さじ2
柚子の皮（刻んだもの）…少々

なす…1本
しょうがソース
　玉ねぎのみじん切り…大さじ1
　しょうがのみじん切り・しょうゆ・みりん・酒
　　…各大さじ2
　酢・サラダ油…各小さじ1
スライスチーズ（溶けるタイプ）…1枚
白炒りごま・糸唐辛子…各少々
万能ねぎの小口切り・揚げ油…各適量
つけ合わせ
　ピーマンソテー（P35）…全量
　ミニトマト（半分に切ったもの）…4切れ

作り方

1 長いもは皮をむいて細切りにし、Aと合わせ
　て冷蔵庫で1〜2日寝かせる。

2 なすはへたを取って四つ割りにし、170℃の揚
　げ油で揚げる。

3 夏越ハンバーグ（P52）の1の要領で、しょうが
　ソースを作る。

4 基本のハンバーグ（P8〜9）の下準備、1〜9の
　要領で、肉だねを作り、成形して焼く。耐熱
　の器に盛って2、1、半分に切ったチーズを順に
　のせ、チーズをバーナーであぶる。3をかけ、
　つけ合わせを添えてごま、万能ねぎ、糸唐辛
　子を散らす。

★バーナーがない場合は、ハンバーグにトッピングした
　ら、オーブンやオーブントースターでチーズが溶けるま
　で焼き、器に盛ってください。

アメリカンチーズハンバーグ

本場アメリカの大きなハンバーガーをイメージしたハンバーグです。
たっぷりのトマトと玉ねぎ、チーズを高く積み上げ、
スパイシーなバーベキューソースをかけて。ポテトフライも忘れずに。

材料（2人分）

基本のハンバーグの材料（P7）…全量
トマトのくし形切り…4切れ
玉ねぎの薄切り…20g
マッシュルームの薄切り…4切れ
バーベキューソース
 トマトペースト、マスタード…各小さじ1
 酢・しょうゆ・チャツネ…各大さじ1
 ウイスキー…50ml
 ウスターソース・中濃ソース…各大さじ2
 塩・砂糖…各小さじ1
スライスチーズ（溶けるタイプ）…1枚
サラダ油…少々
イタリアンパセリのみじん切り…適量
つけ合わせ
 細切りポテトフライ（P15）…全量
 ケチャップスパゲッティ（P35）…全量

作り方

1 耐熱容器にトマトと玉ねぎを入れ、600Wの電子レンジで20秒加熱する。

2 基本のハンバーグ（P8〜9）の下準備、1〜9の要領で、肉だねを作り、成形して焼く。

3 フライパンにサラダ油を中火で熱し、マッシュルームを入れて炒める。バーベキューソースの材料を加え、アルコール分をとばしながら軽く煮つめる。

4 耐熱の器に2を盛り、1、半分に切ったチーズを順にのせ、チーズをバーナーであぶる。つけ合わせを添え、ハンバーグに3をかけてイタリアンパセリをふる。

★バーナーがない場合は、ハンバーグにトッピングしたら、オーブンやオーブントースターでチーズが溶けるまで焼き、器に盛ってください。

ストーリーのあるハンバーグ

私のハンバーグヒストリー

ハンバーグは、子どものころから大好きな料理。食卓にのぼるとうれしくて、大人になったいまでも心が躍ります。小学校の調理実習を機に料理の楽しさに触れ、母が料理するのを見て覚え、食事作りを手伝うようになりました。とくに、ハンバーグを作るのが楽しくて、ひき肉をこねて成形する工程が遊びの延長のようで面白かったんです。

大学卒業後、ファミレスに勤務し、ハンバーグも提供していましたが、おいしい食べ方を研究するうちに自分の店を持ちたいと考えるように。実家の喫茶店を手伝いながら、ハンバーグレシピを考案。その後、店を引き継いでハンバーグ専門店に変更。誕生したレシピは450を超え、ハンバーグの可能性を広げるため、日々研究し続けています。

当初は、みんなに笑われていたしるばーぐ® が
お店の看板メニューになるまで

数あるハンバーグの中でも、いちばん思い入れのあるのは、しるばーぐ（P17）です。濃厚なかつおだしをベースにしたしょうゆ味のスープに、ハンバーグ丼を添えたもので、スープをどんぶりにかけてお茶漬けのようにさらさらと食べられます。

しるばーぐは、食欲がなくなる夏場でもおいしく食べられるハンバーグを作ろうと思い、考えたメニューです。つけ麺からヒントを得て、麺の代わりにご飯を、チャーシューの代わりにハンバーグをスープに入れたら食べやすいのではないかと思い、試作を重ねました。

もともと、ヒットを狙ったわけではなく、「お客さんに面白がってもらえるかな」と、遊び心から生まれたハンバーグで、ネーミングも変わったものにしたくて、汁の「しる」と、ハンバーグの「ばーぐ」を組み合わせて「しるばーぐ」と命名。

店頭に大きなポスターも貼って、いざ打ち出してみたものの、みんな「何これ!?」と、笑いながら通り過ぎ、お客さんでも注文する方はまずいませんでした。

その後、たまたまお店の前を通りかかったテレビ番組のスタッフさんの目にとまり、番組で取り上げていただいたのをきっかけに、注文する方が次第に増えていきました。13年たったいまでは、お店の名物メニューに成長しました。

当店の名物料理にまで上りつめた初代しるばーぐ。2022年には、東京新聞主催、農林水産省後援の「日本流行丼大賞」にてグランプリを受賞。その独創性や時代性、将来性が高く評価されました。

しるばーぐは、しょうゆ味のスープをはじめ、みそ味、塩味、トマトスープ、豆乳スープなど、これまでに多彩なバリエーションを展開。雨の日にはメルマガ＆アプリ会員限定の裏メニューも提供しています。

ハンバーグとご飯を組み合わせたご飯☆バーグは
画期的なファストフードメニュー

当店の特徴的なメニューのひとつに、ご飯☆バーグ（P22）があります。ハンバーグの中にご飯を入れた、ユニークなメニューです。肉巻きおにぎりをヒントに、ご飯のまわりにひき肉を巻いたらおいしいんじゃないか、と思ったのがメニュー誕生のきっかけです。

ハンバーグはナイフとフォークを使って食べるのがスタンダードです。ハンバーグのファストフード的なメニューといえば、ハンバーガーのようにパンにはさんだものがメジャーですが、ご飯とハンバーグの組み合わせで、ファストフードっぽいメニューはありません。そこで、おにぎりのように手軽に食べられるメニューがあったら、おやつ感覚でご飯もハンバーグもいっしょに食べ歩きできて楽しいだろうと思い、考えました。

お店の近くに、桜の名所で知られる飛鳥山公園があるのですが、公園でお花見をしながら食べられるハンバーグがあったらいいな、との思いもありました。

そのようなわけで、ご飯☆バーグは、テイクアウト限定のメニューとなっています。

このハンバーグも、人気テレビ番組に取り上げてもらう機会があり、以来、知名度がぐんとアップし、当店を代表するメニューになりました。

例年、桜の時期に行われる飛鳥山公園でのイベント「北区さくらSA＊KASOまつり」に出店し、ご飯☆バーグを販売したところ、2日間で600食（1200個）売れるほどの人気ぶり。

450ものレシピを考案した経験をもとに
オーダーメイドメニューに対応

うちでは、お客さんが自由に選べるオーダーメイドハンバーグというディナー限定メニューもあります。お客さんにハンバーグパテ、ソース、トッピング3種を選んでもらい、ハンバーグの名前を考えてもらいます。その名前をもとに、私たちスタッフが盛りつけを考えます。記念日や誕生日などに注文が入ることが多く、一度に内容がばらばらのオーダーが入ったり、知らないキャラクターの名前がつけられたりすると大変ではありますが、お客さんの笑顔を見ると幸せな気持ちになります。ブログで450ものレシピを紹介し続けることで培った調理や見せ方のテクニック、

おいしい食べ方の研究があってこそ、個々のお客さんの好みに合ったハンバーグが提供できるのだと実感しています。

思えば、私のハンバーグ愛のはじまりは、母が作る豚肉だけのハンバーグ。にんじんやにらなどがごろごろ入った昔ながらの家庭のハンバーグです。私はハンバーグにキャベツを添えてしょうゆをかけるのが好きなのですが、この発想は母の味が原点。しょうゆがハンバーグとご飯を絶妙につないでくれるのです。添えたご飯に肉汁がしみて、そこにしょうゆがかかると、とびきりのおいしさです。

**私の
まかない
ハンバーグ**

ハンバーグに、ポテトサラダやせん切りキャベツなど、その日ある副菜や生野菜を添えたシンプルメニューです。限られた時間の中でささっと食べられ、飽きないおいしさです。

この日のまかないメニュー。ハンバーグ、キャベツ、トマトをご飯にのせて、のっけ丼スタイルに。しょうゆをかけて食べるのが私の定番です。

クリーミーポテトハンバーグ

九条ねぎと納豆の和風ハンバーグ

韓国風アボカドハンバーグ

クリーミーブラウンソースのハンバーグ

アボカドとガーリッククリームの
ハンバーグ

なめたけとほうれん草のハンバーグ

かぼちゃとチーズの
タルタルソースハンバーグ

明太シャキポテハンバーグ

シャキポテガーリックハンバーグ

ちくわのバーベキューソースハンバーグ

ハンバーグ侍とだいこん達

新作ハンバーグを写真に撮って記録しようとブログをはじめて約13年、
誕生した450以上のメニューから、個性が光る自信作を公開します。

大江戸ハンバーグ～にら姫物語

長いもの甘辛チーズハンバーグ

ハンバーグと長いもののほっぺたグラタン

たんぽぽハンバーグ

ねぎととろろのハンバーグ

癒し系ハンバーグ 白菜とおろしの煮込み

ガーリックチーズクリームのハンバーグ

ちくわりんりんハンバーグ

かぼちゃの小悪魔風ハンバーグ

榎研さくらハンバーグ

榎本 稔（えのもと・みのる）

ハンバーグ専門店「榎本ハンバーグ研究所」店主。ハンバーグ研究家。野菜ソムリエ。一般社団法人日本ハンバーグ協会アドバイザー。子どものころからハンバーグが好きで、おいしい食べ方を追求し続ける。大学卒業後、ファミリーレストランチェーン勤務を経て実家の喫茶店・コーヒーエノモトに入店。洋食メニューを提供する中、ハンバーグが人気だったことから、多彩なレシピを次々と考案。2016年にハンバーグ専門店として業態変更し、2020年には2号店をオープン。確かな技術と豊富な知識に裏打ちされたおいしさと、オリジナリティあふれるユニークなメニューが話題を呼び、テレビをはじめとするメディアに数多く出演。店の経営の傍ら、ハンバーグ好きを増やしたい、家庭でおいしいハンバーグを食べてほしいとの思いから、研究会やイベントなどの活動にも従事。これまで開発したハンバーグは450種を超え、さらに増え続けている。

＊本書P94〜95では写真も提供。

調理アシスタント：
小川真一　平原彰子　渡邉沙織

榎本ハンバーグ研究所のハンバーグレシピ

2024年1月2日　第1刷発行

著者　榎本　稔
発行人　土屋　徹
編集人　滝口勝弘
発行所　株式会社Gakken
〒141-8416　東京都品川区西五反田2-11-8
印刷所　大日本印刷株式会社

●この本に関する各種お問い合わせ先
本の内容については、下記サイトのお問い合わせフォームよりお願いします。
　　https://www.corp-gakken.co.jp/contact/
在庫については　　Tel 03-6431-1250（販売部）
不良品（落丁、乱丁）については　Tel 0570-000577
　学研業務センター　〒354-0045　埼玉県入間郡三芳町上富279-1
上記以外のお問い合わせは　Tel 0570-056-710（学研グループ総合案内）

榎本ハンバーグ研究所
https://www.enomoto-hamburg-lab.com

春日後楽園店
〒112-0002
東京都文京区小石川1-16-16
レキセン沖本ビル101
TEL　03-5801-0883

西ヶ原店
〒114-0024
東京都北区西ヶ原2-44-13
西ヶ原ハイツ1F
TEL　03-3910-7020

STAFF

撮影　深澤慎平
　　　山野知隆（P4右上〜5左下、28、64〜83、91右下）
スタイリング　木村　遥
装丁・デザイン　小野寺健介
校正　聚珍社
　　　海老原牧子
企画・編集　鹿野育子